억만장자가 되기 위한
33가지 아이디어

억만장자가 되기 위한 33가지 아이디어

**초판 제1쇄 인쇄** | 2008년 12월 8일
**초판 제1쇄 발행** | 2008년 12월 10일
**엮은곳** | 대한변리사회
**판매처** | 북오션(02-322-6709)
**책임편집** | 오원석, 염승윤, 박미숙
**기획** | 한성출판기획
**디자인** | 피앤피디자인
**등록** | 제22-1212호
**주소** | 서울시 서초구 서초3동 1497-13
**전화** | 02-3486-3486
**팩스** | 02-3486-3511

ISBN 978-89-88056-12-7 (13320)

# 억만장자가 되기 위한 33가지 아이디어

대한변리사회 엮음

# 우수한 인재들이여,
# 발명으로 눈을 돌려라!

연초에 대한변리사회로부터 아주 특별한 도서발간 계획을 들었습니다. 지금까지 소개된 발명가들의 저술과는 달리, 발명기술을 권리화하는 변리사들이 발명특허에 대한 저술을 한다고 했습니다. 우선 특허와 관련해 가장 재미있고 성공적이었던 사례들을 누구나 쉽게 읽을 수 있는 유일한 책으로 펴낸 것에 대해 존경의 마음을 보냅니다.

물론 발명이나 기발한 아이디어 소개는 여러 곳에서 쉽게 접할 수 있습니다. 하지만 발명가의 발명을 특허로 만드는 변리사의 경험은 자주 듣기 어려운 얘기라 저는 적극 환영하고 성원을 보냈습니다. 이제 그 노력이 결실을 보게 되어 발명과 특허에 관심 있는 모든 분들께 좋은 길잡이가 되어줄 것입니다.

# 우리의 먹을거리요, 성장동력

부존자원이 부족한 우리나라는 두뇌활동을 통한 지식창출과 첨단기술연구를 위한 끊임없는 열정으로 오늘의 대한민국을 만들었습니다. 그런데 세계 1위의 메모리 반도체 신화도 우수한 이공계 출신 인재들의 노력과 특허기술 없이는 불가능했을 것입니다. 또한 지난 40여 년 동안 여러 분야에서 세계 5위권 내에 들어가는 산업을 탄생시킨 성과도 이공계 인력의 결정적인 기여가 아닌가 생각합니다.

그러나 안타깝게도 최근 10여 년 동안 확산되어 온 '이공계 기피' 현상에 깊은 우려를 금할 수 없습니다. 심지어는 이공계 우수 인재들이 전공을 버리고 타 분야로 전향하는 모습을 보면 우리 과학기술계의 미래가 매우 걱정스럽습니다.

이공계 육성을 위한 갖가지 대책이 논의되고 시행되고 있지만, 이러한 추세를 반전시키기에는 아직 역부족입니다. 우수 인재가 다시 이공계로 돌아올 수 있는 방법에 대해 모두가 함께 고민해야 할 때입니다.

현재 세계는 월스트리트 발 금융위기를 겪으면서, 실물경제의 발전과 이를 위한 엔지니어 역할의 중요성이 새삼 강조되고 있습니다. 산업은 곧 우리의 '먹을거리' 요 '성장동력' 이기 때문입니다.

## 21세기 지식재산관리 전문가

대한변리사회에서 발간한 《억만장자가 되기 위한 33가지 아이디어》는 우리 국민들에게, 그리고 자라나는 청소년들에게 이공계에 대한 꿈과 희망을 줄 수 있는 계기를 제공해줄 것입니다.

이 책을 읽은 많은 사람들, 특히 학생들이 과학자, 공학자, 발명가의 꿈을 키우고, 과학기술의 중요성을 인식하기를 바랍니다. 아울러 조그만 생각의 변화가 우수한 특허를 만들 수 있다는 자신감을 가졌으면 좋겠습니다.

또 지식재산권 창출과 보호를 위해 큰 기여를 하는 변리사들의 노력과 애환을 함께 경험하시기 바랍니다. 물론 이 책의 영향으로 변리사를 지망하는 젊은이들이 많이 나오면 더 바랄 것이 없겠습니다. 21세기에는 '지식재산관리 전문가' 를 더욱 많이 필요로 하기 때문입니다.

　여러분이 그 주인공이 되기를 바라며, 기쁜 마음으로 이 책을 추천합니다.


(주)하이닉스반도체<br>
대표이사 사장 김종갑

# 지식재산권을 향한 제3의 전쟁

대한변리사회 회장으로서 활동을 하다보면 의외로 변리사에 대해 아는 사람이 별로 없다는 것을 느낍니다. 공공기관이나 기업 등은 그래도 나은 편인데, 대학교나 초중고등학교에서는 변리사란 직업 자체를 모르는 경우가 더 많습니다. 학생들에게 꿈이 뭐냐고 물으면 눈을 반짝거리며 '발명가'라고 대답하는 학생들이 많지만, 아쉽게도 '발명'과 '특허'를 연결하지 못하고 있는 것 같았습니다.

제가 처음 변리사가 되었던 7, 80년대만 해도 변리사란 직업은 소위 말하는 인기 직업도 아니었고, 무엇을 하는 사람인지 아는 사람도 거의 없었습니다. 그도 그럴 것이 그 시절 우리나라에게 '특허'란 먼 나라의 이야기였습니다. 특허보다는 전쟁 후 무너진 다리를 고치고, 배고픔을 해결하는 게 먼저였습니다.

그런데 경제대국으로 발돋움하고 있는 지금도 사정은 크게 나아지지 않았습니다. 변리사를 제대로 알고, 그들의 역할을 이해하는 사람들이 드물기 때문입니다. 변호사와 함께 해방 전부터 60여 년 이상을 이어온 오래된 직업임에도 불구하고, 인식이 미약했던 것은 우리 사회에 아직까지 '특허'니, '지식재산'이니 하는 말들이 익숙하지 않기 때문입니다.

## 21세기는 지식이 재산이다

하지만 21세기 세계시장은 '특허'와 '지식재산', 그리고 '첨단기술'로 무장한 다국적기업의 전쟁터로 변하고 있습니다. 세계 각국은 21세기를 지식재산시대로 선포하고, 자국의 지식재산 마인드를 함양하여 이를 통한 경제부흥을 위해 사활을 걸고 있습니다.

또한 국부인 특허기술의 유출을 막기 위해 각국 정부와 정보기관들은 핵심기술을 보호하기 위해 보이지 않는 제3의 전쟁을 치르고 있습니다.

농경사회에서는 농산물, 산업화사회에서는 공산품이 무역과 경제의 주체였지만, 현재는 '지식재산'이 경제 주체입니다. 예를 들어 일본이 '지적재산입국' 전략을, 중국이 '과교흥국ㆍ과기흥무'를, 미국이 '이노베이트 아메리카' 전략을 펼치고 있는 것도 다 이런 맥락의 시작입니다. 그러나 한국은 지식재산의 중요성에 대한 인식이 아직 부족한 상태입니다.

## 33인의 발명독립운동가

이에 저희 대한변리사회는 뜻있는 변리사들과 함께 과거 독립운동을 하던 심정으로 33인 저술 프로젝트를 계획하였습니다. 그리고 33인 독립운동가의 마음으로 주변국들의 기술속국에서 벗어나 우리의 기술독립과 지식재산권을 강화가기 위해 변리사가 앞장서자는 의미로 이 책을 출간하게 되었습니다.

아울러 이 책은 일반인들은 물론, 미래 대한민국의 기둥인 청소년들이 특허기술의 중요성을 인식하고 지식재산의 중요성과 함께 변리사의 역할을 이해할 수 있도록 도와줄 것입니다.

또한 성공한 기술 뒤에는 보이지 않는 곳에서 땀과 열정으로 기술을 권리화시킨 발명자와 변리사가 있었음을 보여주고, 우리의 특허기술로 세계시장을 점령할 수 있다는 가능성을 열어갈 것입니다.

아무쪼록 이 책을 통해서 우리 국민들이 지식재산권의 중요성을 인식하고, 아울러 변리사가 21세기 지식재산권시대의 첨병이라는 사실을 알아주셨으면 하는 간곡한 심정으로 이 글을 대신합니다.

끝으로 이 책이 나오기까지 수고를 아끼지 않으신 여러분께 감사드립니다.

대한변리사회 회장

이상희

# Contents

추천사 / 4

들어가는 말 / 8

## 1장 다르게 보면 아이디어가 살아난다
〈차별화로 승부한 아이디어〉

사랑은 아이디어를 타고 (윤재승-온도에 따라 색깔이 변하는 젖병) / 16

여자들이여, 아침을 즐겨라 (김인철-한 손 파우더 케이스) / 21

아이들은 놀면서 공부한다 (오세중-마법 천자문) / 26

아이디어에도 강약이 필요하다 (배성호-강약조절 악력기) / 33

건강한 아이디어가 주목받는다 (박용환-상어연골탕) / 38

불량품에서 가능성을 발견하다 (최한수-지 셀 스펀지) / 43

신이 내린 53가지 효능, 양파 (김원준-옥반 양파즙) / 48

## 2장 실패를 밟아야 성공을 만난다
〈최고를 향한 최초의 아이디어〉

버릴수록 건강해지는 몸 (유병선-콜레스테롤저하 사료첨가제) / 56

과일 깎는 사람들 (김웅석-과일제피기) / 61

버렸다고 끝이 아니다! 가치는 재탄생된다 (정병직-페비닐 지주받침대) / 67

당신의 영어는 어디에 있습니까? (강민수-Arrow English) / 72

엘리베이터를 타고 하늘을 날다 (임평섭-엘리베이터 밀림방지장치) / 77

CEO들이여, 특허경영에 주목하라! (박승민-소모성 도전고무) / 82

어느 발명자의 협박 (이익배-작문기법) / 87

춤추는 자동차가 온다 (이원일-자동차용 MP3) / 92

# 3장 아이디어는 끊임없이 성장한다
## 〈편리한 세상을 여는 아이디어〉


부팅 시간이 빠른 군인이 나라도 잘 지킨다 (김명신-요철형 끈 결착부 군화) / 100

선 없는 세상에 살고 싶다 (한치원-인체통신기술) / 105

귀를 열어라, 아이디어가 들릴 것이다 (김준영-인공와우) / 110

아이디어에도 알람을 달자 (류근성-암소발정통보시스템) / 115

뒤를 돌아보라, 경쟁자가 달려온다 (김재만-차량감지루프) / 120

발이 편해야 인생도 편하다 (김세원-발뒤꿈치보호대) / 125

개인정보유출을 막아라! (송영건-인스턴트 로그인) / 129

클릭 한 번에 세상과 만나는 길 (이형국-원클릭 서비스) / 134

손은 간편하게, 마음은 진하게 (조영현-문자입력방법) / 140

사랑을 휴대전화로 쓰세요 (서희원-휴대전화 선물교환 시스템) / 146

# 4장 아이디어에 권리를 달자
## 〈치열함을 뛰어넘은 아이디어〉


법을 알아야 아이디어가 산다 (이철희-제과점 유리진열장) / 154

아이디어는 로열티를 보장해주지 않는다 (정상규-숨 쉬는 바지) / 159

친환경 아이디어로 부자가 돼라 (배성렬-토낭백) / 164

내가 디자인하는 세상 (전광출-디자인등록) / 169

솔직한 비즈니스가 이긴다 (오원석-백미러) / 176

뚝심과 전략으로 특허공세를 넘어서다 (김용식-특허분쟁) / 182

기회의 시간을 움켜쥐다 (전종학-출입관리시스템) / 188

결정적인 순간에 에이스를 꺼내라 (김영대-와이맥스 및 와이파이 전송기술) / 194

# 차별화로 승부한 아이디어

# 1장

## 다르게 보면 아이디어가 살아난다

《마법 천자문》은 한자의 음과 뜻을 한꺼번에 이미지로 기억할 수 있도록 손오공이 여의봉으로 '바람 풍(風)' 자를 쓰면 큰 글씨로 글자가 부각되는 등 한자를 흥미진진하게 공부할 수 있는 기발한 아이템으로 개발되었다. 만화책이나 애니메이션이 특허로 등록받은 사례가 거의 없어 초반에는 고심했지만, 이야기와 결합된 한자만화를 시청각으로 구성한 기술적 특징을 인정받아 마침내 기획 아이디어 자체에 대한 특허등록을 받게 되었다.

# 사랑은
# 아이디어를 타고



## 엄마, 나는 뭘 먹어야 하죠?

2006년 대한민국의 모든 엄마들을 깜짝 놀라게 했던 사건을 기억하는가? 당시 국립수의과학검역원에서는 국내에서 유통되는 33통의 분유에서 납성분과 쇳가루가 나왔다는 사실을 발표하여 우리에게 큰 충격을 안겨주었다. 거기에는 엄마들이 선호하는 유명 브랜드의 분유도 있었으니, 혹시 우리 아이도 납과 쇳가루를 먹었으면 어쩌나 걱정하는 엄마들이 한둘이 아니었다.

그리고 얼마 전 세상을 발칵 뒤집어놓았던 멜라민이 분유에도 들어 있다는 뉴스는 또 한 번 가슴을 쓸어내리게 한 사건이었다. 실제로 최근 집계된 바에 따르면 중국에는 멜라민 때문에 치료를 받는

환자가 1,000여 명에 이르고, 4명의 영유아가 사망하는 등 멜라민의 직접적인 피해가 속속들이 드러나고 있다. 중국의 식품안정성을 무차별로 공격하는 언론들의 심정이 충분히 이해가 된다.

그렇다면 이 땅의 아이들은 도대체 무엇을 먹고살아야 할까? 그런데 엄마들을 놀라게 한 사건은 거기에서 멈추지 않았다. 지금부터 시작할 얘기도 앞의 사건들 못지않다. 이번에는 쇳가루에 이어 유아에게 치명적인 유해세균인 사카자키균이 검출됐다는 소식이었다. 쇳가루도 모자라 이제는 세균이라니! 참으로 어처구니없는 현실이다.

사카자키균은 대장균의 일종으로 정상적인 면역력을 가진 성인에게는 별 문제가 없지만, 면역력이 약한 생후 1~2개월의 신생아나 2.5킬로그램 미만인 저체중아에게 감염되면 인체에 치명적인 세균이다. 특히 이 세균은 혈액 속에 들어가면 패혈증, 뇌로 침입하면 뇌수막염을 일으킬 만큼 아기들에게 위험한 균이다. 또한 사카자키균은 일부 항생제에 대해 내성을 갖고 있는 경우가 많아서 치료가 어렵고, 어떤 경로로 어떻게 감염되는지 확실히 밝혀진 것도 없다.

**억만장자** TIP

### 자동 우유기

일일이 분유를 직접 타지 않아도 되는 자동 우유기가 있다. 작은 커피메이커와 비슷한 모양으로 일정한 양의 분유와 38도로 알맞게 데워진 물을 따로 보관하고 있다가 버튼 하나만 누르면 적당한 농도로 우유가 섞여 나와 편리하다.

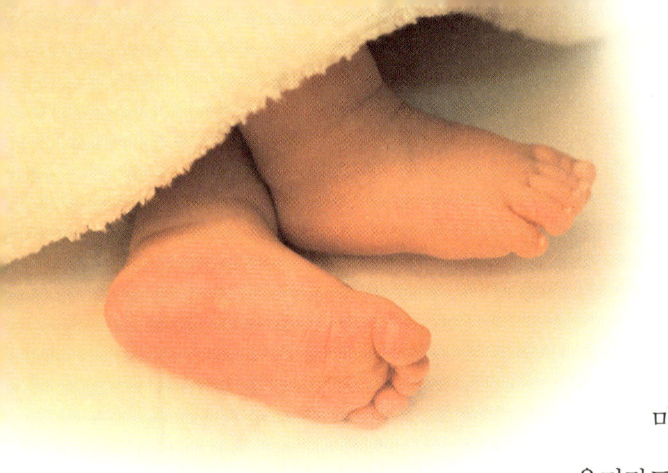

발명자 김세희 씨
는 이제 막 엄마라는
이름표를 단 새내기 엄
마이다. 아기가 갑자기
울기라도 하면 어디가 아픈 것
은 아닌지 늘 노심초사하며 지내는 것이 새
내기 엄마의 하루 일과이다. 그런데 들려오는 소리는 온통 끔찍한
얘기들뿐이니 얼마나 답답할지 짐작이 간다. 그러던 어느 날 그는
아기가 잠을 자는 틈을 타서 신문을 보다가 흥미로운 기사를 하나
발견했다.

'사카자키균에 감염이 되었더라도 최소한 10만 마리 이상 증식되
지 않으면 발병할 가능성이 거의 없지만, 젖병 관리를 소홀히 하면
적은 양의 세균이라도 문제가 생긴다'

## 아기를 위해 세상과 싸우는 엄마 발명가

발명자 김세희 씨는 신문기사에서 '젖병 관리'란 글을 읽으며 아
이디어가 번개처럼 스쳐지나갔고, 그것은 곧 그에게 '엄마 발명가'
라는 새로운 꼬리표를 달아주었다.

"그렇다! 분유에 문제가 있어도 피할 수 있는 길은 반드시 있다!"

그는 물의 온도와 세균의 관계에 주목하고, 그 길로 당장 자료수집에 들어갔다. 조사결과 사카자키균은 열에 약한 세균이기 때문에 섭씨 75도의 열만 가해도 몇 초 만에 죽는다는 사실을 알아냈다. 그래서 세계보건기구(WHO)와 식약청에서는 사카자키균이 모든 분유에 잠재적으로 있을지 모른다는 가정하에 섭씨 70도 이상의 물에 타서 가급적이면 빠른 시간 안에 수유를 하라고 권하고 있다.

발명자는 여기에서 힌트를 얻어 사카자키균을 죽일 수 있는 온도가 되면 파란색이 되었다가, 식으면 흰색으로 변하는 젖병을 만들었다. 그러면 분유에 사카자키균이 들어 있어도 안전할 것이라는 생각에 젖병에 센서 선을 부착해서 온도에 따라 색깔이 변하는 기능성 제품(닥터 스킴)을 발명한 것이다.

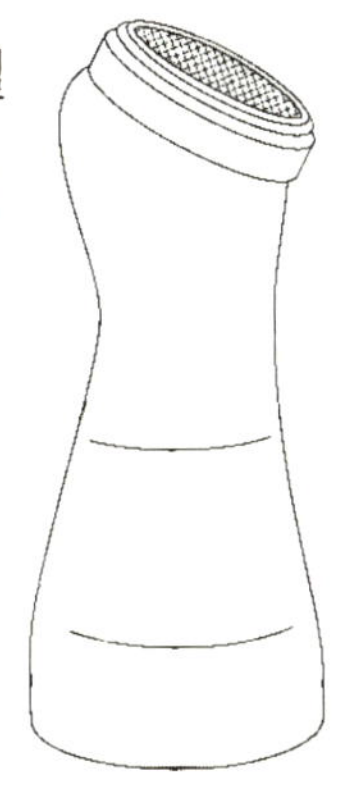

[젖병 구조]

## 발명의 시작은 세상에 대한 관심이다

그러나 단순히 온도를 표시하는 것만으로는 부족했기 때문에 이 아이디어를 상품화하는 데는 꽤 오랜 시간이 걸렸다. 그리고 얼마 후 온도에 따라 특정 색깔을 나타내는 태그를 젖병 둘레에 붙여 사카자키균을 죽일 수 있는 온도를 확인하는 것은 물론이고, 젖병 입구에 미세 필터를 설치해서 금속가루가 걸러지도록 만들어서 쇳가루와 세균 문제를 동시에 해결했다. 아기의 건강을 위협하는 모든 것 앞에서 엄마는 용감했다!

그런데 만약 발명자가 온도에 따라 색깔이 변하는 젖병을 혼자만 사용했다면 어떻게 됐을까? 그랬다면 많은 아기들이 여전히 사카자키균의 위험에서 벗어나지 못했을 것이다. 하지만 발명자는 자신의 아기만큼 대한민국의 모든 아기들을 사랑하고, 그들을 키우는 엄마들의 마음을 이해했기 때문에 혼자만 간직할 수 있었던 아이디어를 세상에 내놓은 것이다.

좋은 아이디어는 혼자만 간직하는 것보다 많은 사람들과 공유할 때 비로소 빛을 발하는 법이다. 필자 역시 자녀를 둔 부모로서 이 출원을 담당하면서 엄마의 세심한 배려에 큰 박수를 보냈다. 사랑, 그것은 아이디어를 탄생시키는 가장 큰 힘이다. 더불어 이 책을 읽는 독자들도 세상을 향한 세심한 배려와 사랑만 있다면 얼마든지 좋은 아이디어 상품을 세상에 내놓을 수 있다.

**한영국제특허법률사무소 대표**

**학 력**
아주대학교 전자공학부 졸업
美 TMP(Technical Management Program) 수료

**경 력**
제37회 변리사 시험 합격
기업·기술가치평가사, 기술거래사
경기테크노파크 지식재산센터 자문위원
컴퓨터프로그램보호위원회 자문위원
서울산업통상진흥원 창업컨설팅 전문위원

**윤재승** 변리사

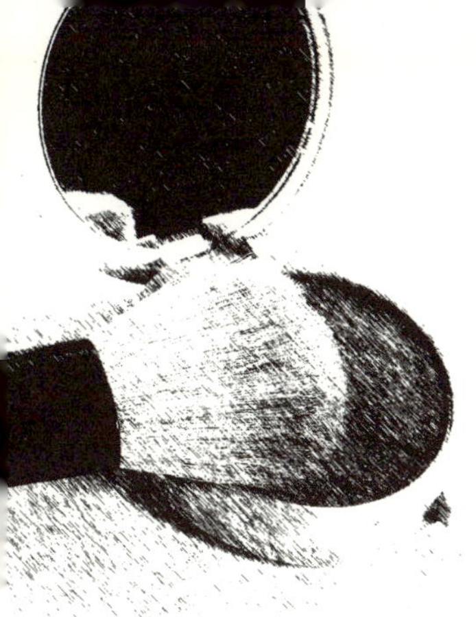



> **"** 삶에서 기쁨을 찾는 것이 여자의
> 최고급 화장품이다. **"**

로잘린드 러셀(Rosalind Russell)

## 화장하는 여자가 아름답다

머나먼 고대 신라의 여인들도 얼굴에 분칠을 했을까? 물론이다. 그들은 조개껍데기를 갈아서 얻은 분말로 얼굴에 분칠을 하고, 붉은 꽃으로 입술에 물을 들이고, 꽃의 향기로 향수를 만들어 썼다. 게다가 거울이나 빗, 분첩 등의 화장 도구를 예쁘게 만들어 사용했다니 예나 지금이나 미에 대한 여성들의 욕망은 끝이 없는 것 같다.

그렇다면 처음 화장을 한 사람은 누구일까? BC 7500년경 이집트의 목동과 사냥꾼들이 바로 그 주인공들이다. 그들은 강렬한 태양빛으로부터 피부를 보호하기 위해 야생 피마자나무에서 짜낸 기름을 온몸에 바르기 시작했고, 그후 남성보다는 여성들이, 피부보호보다는 아름답게 보이기 위해서 화장을 했다.

그런데 시대가 변해도 여전히 변하지 않는 하나는 여성들이 유독 하얀 얼굴에 집착한다는 점이다. 고대에는 하얗게 보이기 위해 납과 수은을 섞은 반죽을 얼굴에 발랐고, 17세기에는 그 정도가 지나쳐 백랍인형처럼 하얗게 하는 화장술이 인기를 끌었다. 당시 화장품에는 유독성 금속 화학물이 첨가되어 있어 심각한 피부질환을 일으켰지만, 이러한 피부질환도 미에 대한 욕심을 막지는 못했다.

이처럼 하얀 얼굴에 대한 동경은 현대에 이르러 파운데이션과 파우더의 발달을 가져왔고, 이제는 화장품 자체에 대한 기술뿐만 아니라 그 용기의 발전도 함께 이루어지고 있다.

최근에 나오는 화장품을 보면 종류와 브랜드가 무척 다양해 보통 남자들은 그것들을 알아낼 엄두조차 내지 못할 정도이다. 특히 화장품 케이스를 보면 이게 화장품인가 할 정도로 세련되고 고급스러워 하나의 디자인상품으로도 손색이 없다.

또한 명품 화장품을 제외하고는 가격과 상품의 품질이 평준화를 달리고 있어 차별화 전략으로 나선 케이스의 화려한 변신은 앞으로도 계속될 것으로 보인다.

그런데 예쁘면서 실용적일 수는 없을

**슬라이드 화장품 용기**

한 번에 쉽고 빠르게 사용할 수 있는 슬라이드 화장품이 있다. 화장품 뚜껑이 반대 방향으로 슬라이딩되면서 파우더를 담는 부분이 보여지도록 만들었다. 뚜껑에 거울이 부착되어 있어서 사용시간을 단축시킨다.

까? 여기 두 마리의 토끼를 모두 잡은 화장품 케이스가 있다.

## 한 손으로 화장하는 여자들

필자는 발명자가 이 화장품 케이스를 가지고 왔을 때 회사 여직원들에게 간단한 설문조사를 하여 그들의 의견을 최대한 반영했다. 우선 일반적으로 사용하는 파우더 케이스에는 몇 가지 문제점이 있었다. 양손을 모두 사용해야 하기 때문에 좁은 공간이나 차량처럼 움직이는 공간에서 사용하기가 불편했다. 또 화장품 케이스 틈새로 파우더가 새어나와 옷이나 핸드백 등에 묻고, 반대로 화장품 케이스 틈새로 오염물질이 들어가는 경우도 많았다.

한 손 화장품 케이스의 발명자는 편리함과 신속함을 중시하는 여성들을 위해 한 손으로 화장할 수 있는 방법이 없을까 고민했다. 그러던 어느 날 음식에 소금을 치다가 양념통에서 아이디어를 얻었다고 한다.

우선 양념통은 소금이나 고춧가루 등의 내용물이 구멍을 통해 밖으로 나오는 구조로 되어 있어 화장용 파우더 케이스에 적용시키는 데 안성맞춤이었다. 그런데 내용물이 밖으로 나오는 단순한 구조의 양념통에 비해, 파우더 화장품 케이스는 사용자의 기대수준이 훨씬 높은 아이템이었다. 파우더의 배출이 균일하게 이루어져야 하는 것은 물론, 피부에 닿는 파우더가 다시 용기 속으로 들어가는 것을 최소화해야 했다.

발명자는 이 문제의 해결책을 터치 스펀지에서 찾았다. 터치 스펀지를 피부에 톡톡 두드리면 펌핑효과 때문에 스펀지가 내부로 눌려져 배출 구멍이 열리고, 사용자가 터치를 중단하면 배출 구멍이 닫히는 용기를 만든 것이다. 그리고 이 제품은 결합부보다 터치 스펀지가 커서 강제로 끼워진 구조이므로 파우더가 틈새로 절대로 세지 않는 장점도 있다.

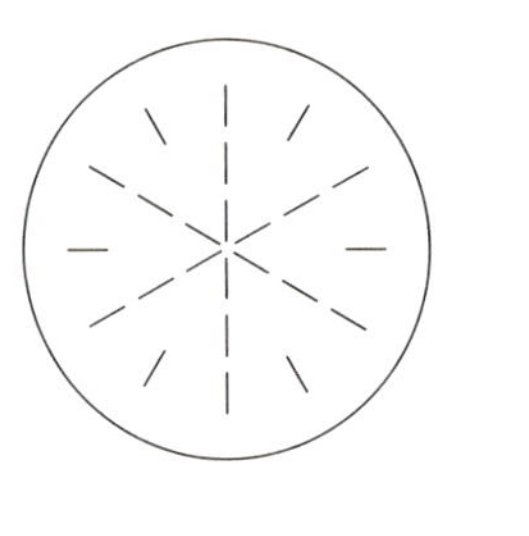

[배출 구멍 열기 전]

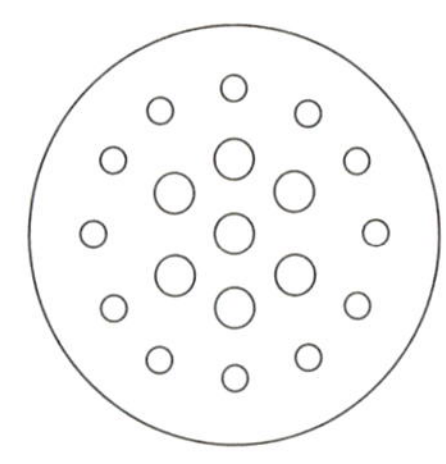

[배출 구멍 연 후]

## 나는 대한민국의 변리사이다

이 발명품은 제품화되자마자 소비자들의 뜨거운 호응을 얻었다. 현재 화장품 강국인 프랑스, 일본, 미국 등에 해외출원을 진행하여 그 품질의 우수성을 크게 인정받아, 로레알, 피에르가르뎅 등 전세계 유명 브랜드들을 고객으로 만들어 획기적인 제품임을 입증하고 있다.

그런데 그 사업이 성공의 길에 접어들자 우후죽순으로 유사제품들이 쏟아져 나오기 시작했다. 이때 유사제품을 특허침해라고 할 수 있어야 자신의 발명품을 보호할 수 있는데, 그 일을 하는 사람들이 바로 우리 변리사들이다.

변리사는 발명의 특허화에 직접 개입하면서 발명자와 함께 고민하고 제품도 같이 써보고, 주위의 반응과 품평을 들으면서 보다 나은 특허를 만들기 위해 노력한다. 이것은 변리사만이 할 수 있는 고유의 영역이자 변리사만이 느낄 수 있는 독보적인 세계로, 필자가 이 직업을 사랑하는 이유이기도 하다.

영명국제특허법률사무소 대표 변리사

학 력
연세대학교 금속공학과 졸업
성균관대학교 기술경영학과 석사

경 력
제41회 변리사 시험 합격
대한변리사회(KPAA) 이사
특허청산하 한국지식재산연구원 운영위원
경기기술이전센터 기술이전·기술사업화 전문위원

**김인철** 변리사

# 아이들은 놀면서 공부한다

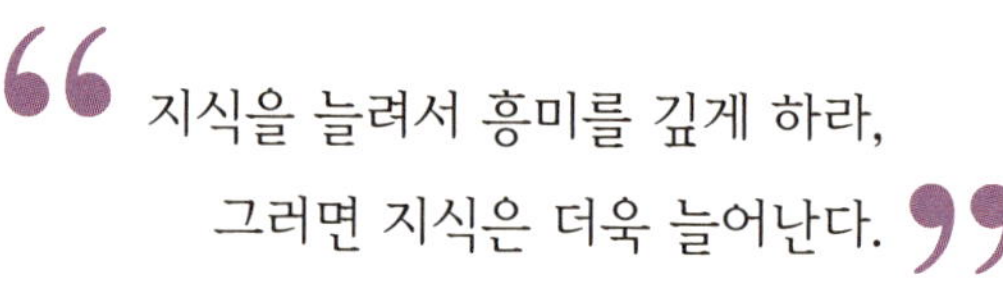

> 66 지식을 늘려서 흥미를 깊게 하라,
> 그러면 지식은 더욱 늘어난다. 99
>
> 노구치 유키오(野口悠杞雄)

## 아이들이 마법에 빠졌다

《마법 천자문》은 9개월여 만에 판매 부수 100만 부를 돌파하면서 세상을 깜짝 놀라게 했다. 아이들은 놀이터에서, 지하철에서, 심지어 학교 쉬는 시간까지 이 책을 놓지 않고 한자의 매력에 푹 빠져 있다. 부모들마저도 아이들 스스로 책을 읽는 모습에 감동하여 시리즈가 나오길 학수고대하는 이색적인 모습이 펼쳐지기도 한다. 도대체 이 책의 인기 비결은 무엇일까?

우리나라 학습만화 시장의 역사는 그리 오래되지 않았다. 불과 얼마 전까지만 해도 만화가 청소년의 정서에 악영향을 끼친다고 하여 불에 태웠던 '만화추방 캠페인'을 생각하면 지금도 쓴웃음만

난다. 시대가 변하여 그동안 많은 학습만화가 나왔고 꾸준히 팔리기는 했지만, 아직도 일부 학부모들은 만화라는 장르 자체를 탐탁하게 여기지 않는다. 하지만 《마법 천자문》이 그들의 편견을 말끔히 없애버렸다.

글자가 어렵고 100퍼센트 암기해야 하는 한자를 아이들에게 재미있게 가르치기 위해 기획된 이 책은 서유기의 주인공 손오공이 나타나서 "불어라! 바람 풍(風)!" 하고 주문을 외치면서 아이들의 주목을 끈다.

실제로 출판사가 실시한 체험단 테스트에서 "아이가 침대에까지 가지고 가서 읽는 것을 보고 깜짝 놀랐다", "시키지도 않았는데 혼자 끝까지 읽더라고요" 하는 학부모들의 반응이 끊이질 않았는데, 그 아이들 대부분이 한자를 잘 모르는 초등학교 저학년들이었다는 사실이 더욱 놀랍다.

《마법 천자문》의 제작팀은 어린이들이 텔레비전이나 만화를 보며 자기가 좋아하는 몬스터 이름과 마법 이름을 줄줄 외는 모습에 주목했고 거기에서 힌트를 얻었다고 한다.

'몬스터 이름이 나오는 그 자리에 한자를 써보자. 실제로 초등학생이 알아



**지도 읽어주는 소프트웨어**

사용자가 현재 자신이 있는 위치를 지도에서 커서로 움직이면 설명과 효과음이 나오는 기술이 발명됐다. 평야에 커서를 대면 말발굽 소리가 나고, 강에 대면 물 흐르는 소리가 나서 입체적으로 위치를 파악할 수 있다.

야 할 한자는 포켓몬스터에 나오는 몬스터 개수 정도니까.'

[마법 천자문]

이 책을 발행한 ㈜북21 만화팀 관계자의 기획 의도를 들어보자(2008년 3월 21일 어린이동아).

"한자공부 하면 무조건 읽고, 쓰고, 외우는 것만 생각하지만, 전문가들은 한자를 읽고 그 뜻을 아는 정도면 충분하다고 합니다. 한자를 완벽하게 외워 쓰기까지는 시간이 걸리고 어렵지만 음과 뜻을 읽는 것은 그다지 어렵지 않기 때문이죠. 이 정도는 굳이 쓰지 않고도 '불어라 바람 풍(風)' 하고 마법주문을 따라하는 것만으로 충분하다고 생각했습니다. 하지만 실제로 이 책을 만드는 작업은 무척 힘들었습니다. 한자의 뜻을 풀어내는 스토리를 만들고 한자가 만들어지는 원리까지 설명하기가 만만치 않았던 거죠. 또 이야기 속에 우정, 효도, 희망과 같이 어린이들이 생활하는 데 도움이 될 만한 소재를 넣기 위해 많은 고민을 해야 했습니다."

그런 취지에서 《마법 천자문》은 한자의 음과 뜻을 한꺼번에 이미지로 기억할 수 있도록 손오공이 여의봉으로 '바람 풍(風)' 자를 쓰

28

면 큰 글자로 부각되는 등 한자를 흥미진진하게 공부할 수 있는 기발한 아이템이다.

## 대박을 터뜨린 《마법 천자문》

이 책은 2008년까지 제16권이 발행되었고, 파생도서(마법급수, 퀴즈천자문)를 포함하여 약 1,000만 부가 판매되어 약 500억 원 상당의 매출을 기록하였으며, 단일 제품으로는 국내 아동학습만화 시장에서 5.3퍼센트의 시장점유율을 기록하면서, 고정 독자층만 35만 명에 이르는 등 그 놀라운 성과들은 아직도 현재진행형이다.

이 책의 성과는 여기에 그치지 않고 《마법 천자문 한자연습장》, 《마법 급수 한자》, 《한자 놀이북》, 《퀴즈 천자문》, 《마법 천자문 비밀의 사전》 등 수많은 파생도서를 만드는 데도 성공하고 있다.

학습만화 최초로 특허를 받은 《마법 천자문 한자카드》는 카드에 쓰인 한자를 보여주면서 뜻과 소리를 맞추도록 만들어졌다. 카드에 쓰인 한자의 뜻과 소리를 듣고 종이에 써보고, 한자카드를 서로 이어서 사자성어와 단어를 만들면서 자연스럽게 한자를 익힐 수 있어서, 아이들의 한문 실력을 키워주는 데 큰 기여를 했다.

이 제품들은 다양한 그림과 도표를 바탕으로 전체 개념을 도식화

한 개념지도를 통해 개념원리와 응용력을 배양하고, 다양한 유형을 제시하여 성적 향상을 극대화하도록 설계되었기 때문에 한자뿐만 아니라 다른 과목을 공부하는 데도 도움이 된다.

　필자는 이 발명품의 기획단계에서부터 아이디어를 보호할 수 있는 방법을 검토했는데, 저작권의 보호범위가 그 표현에만 한정되어 있어 아이디어 자체를 보호할 수 있는 특허출원이 필요했다. 그러나 과거에는 만화책과 같은 인쇄물이나 애니메이션이 특허로 등록받은 사례가 거의 없었기 때문에 선행기술에 대한 자료가 부족했다. 만화책을 사회악으로 금기시했던 시대에 만화특허품은 꿈도 꾸지 못할 얘기였다.

　하지만 마침내 이야기와 마법이 결합된 한자만화를 시청각으로 구성하고, 이미지 학습효과에 기술적 특징이 있는 이 아이디어를 특허로 출원하여 보호하기로 했다.

　이처럼 시대를 잘 만나야 위대한 발명품이 빛을 볼 수 있는 것인가 보다. 세계 최고의 글자로 인정받고 있는 한글이나 최근 주목받고 있는 혜원 신윤복의 그림도 한때는 진가를 인정받지 못하는 발명품(또는 창작물)이었다.

## 아이들은 재미를 먹고 자란다

이 책은 미지의 새로운 제품에 대한 창작 아이디어와 관련해 발명자와 변리사가 적극적인 노력을 기울여 만든 성과이다. 그러나 예상대로 《마법 천자문》의 특허등록과 상업적인 성공 이후 여러 유사제품들이 출현하였고 그로 인한 분쟁을 해결하기 위해 방안을 모색하고 있다. 하지만 수많은 유사제품을 상대하기 위해서는 이 책 역시 앞으로 계속 수정하고 발전시켜야 한다.

최근 이 책은 뮤지컬로 만들어져 한자의 마법주문이 공연장 밖까지 쩌렁쩌렁 울려퍼지고 있다. 무대 안에서는 별 모양의 헤어스타일을 한 손오공이 공중제비를 돌고, 옥동자는 쉴 새 없이 장풍을 날리고, 악당들은 신기한 무술과 칼솜씨를 부리고, 객석의 아이들은 그들의 묘기에 넋을 빼놓고 있다.

힉습만회란 특별히 교양이나 지식, 정부 등의 요소를 만화에 담아 '학습' 과 '재미' 를 동시에 추구하는 책이다. 그러나 기존의 학습만화는 캐릭터나 만화를 이용했을 뿐 중·고등 참고서를 모델로 삼고 있어서 초등학생의 인지발달에 도움이 되지 않는 경우가 많다.

지금은 창의력과 사고력을 키우는 교육이 날로 중요해지고 있다. 이러한 흐름에 발맞춰 정부의 교육방침도 단순히 지식을 가르치기보다는 소통의 방법을 알려주는 것에 중점을 두고 있다. 따라서 교육산업 또한 단순한 학습이 아닌 재미를 겸비한 다양한 콘텐츠 개발이 필요하다.

　아이들이 공부를 하지 않는다고 구박하지 마라! 그들이 그렇게 된 것은 공부가 어렵고 재미없다고 가르친 어른들 때문이다.

# 아이디어에도
# 강약이 필요하다

> **❝** 창조는 투쟁 때문에 생긴 것이다.
> 투쟁이 없는 곳에 인생은 없다. **❞**
>
> 비스마르크(Bismarck)

## 손힘이 남자에게만 필요하다고?

2008년 베이징올림픽에서 세계신기록을 세운 장미란 선수는 금메달은 물론 뉴욕타임즈에서 선정하는 아름다운 몸매 5인에 선정되 이 장안에 회제가 되었다. 그녀가 바벨을 하늘로 번쩍 올리는 순간 우리는 진짜 헤라클레스를 보았고, 그녀를 향해 힘차게 열광했다.

여자가 남자보다 체력적으로 힘이 약한 것은 부정할 수 없는 사실이다. 그러나 여자들도 언제까지 연약함을 내세우며 남자들의 보호를 받고 살 수는 없다. 호신술도 좋고, 가스총도 좋고, 휴대전화 위급상황 알림서비스도 좋다. 하지만 그보다 먼저 제 몸 하나 지킬 수 있는 기본 힘과 체력이 필요하다.

사람들은 보통 손힘을 키우기 위해서 아령이나 악력기를 이용해 운동을 하는데 이 두 기구들에는 큰 차이가 있다. 아령은 자기 힘에 맞는 무게의 아령을 선택해서 운동을 할 수 있지만, 악력기는 자기 힘에 맞는 것을 선택할 수 없다. 악력기는 왜 힘을 조절할 수 없을까?

악력기는 보통 A자 형태로 생긴 것이 대부분이고, 일정한 크기와 강도의 스프링이 부착되어 있어서 사용자가 자기 힘에 맞는 악력기를 찾기가 어렵다. 이렇게 스프링의 크기나 강도를 조절하는 것이 불가능하기 때문에 아귀힘이 약한 아이나 여자들은 악력기 운동을 잘 못하는 것이다. 그럼 여자들은 평생 약하게 살아야 하느냐고? 아니다. 방법이 있다!

## 빨래집게에서 얻은 아이디어

성공한 아이디어들은 대부분 사소한 생활 속에서 나온다. 안태진 씨는 악력기를 가지고 운동하는 사람을 보다가 악력기의 문제점을 발견하고 해결방안을 찾다가 빨래집게에서 힌트를 얻었다고 한다.

'그래! 빨래집게 모양으로 악력기를 만들자! 스프링의 위치를 조절할 수 있는 악력기를 만들면 힘의 강약을 조절할 수 있을 거야.'

당시 그는 아이디어를 고안하고 특허출원을 하는 데 별 문제가 없었지만, 자금 사정이 어려워서 사업은 무리가 있었다. 그래서 특허를 낸 후 무역회사에서 샘플을 요청받는 등 좋은 기회가 여러 번 찾아왔는데도 불구하고, 20대 젊은 청년에게는 버거운 일이었던 모양이다. 샘플을 만드는 데도 최소한의 비용이 필요하기 때문이다.

그때부터 안 씨는 사업을 하기 위해 자금을 모으면서 악력기에 대해 계속 연구를 했다. 우선 그가 출원한 악력기는 실제로 힘을 조절하는 방식이 까다롭고 내구성 있는 제품(링형 스프링 때문에)을 만들기 어려워서 개선이 필요했다. 따라서 여러 가지 개선방안을 강구했지만 문제는 쉽게 해결되지 않았다. 사업자금을 모으는 일도 만만치 않았다.

아르바이트를 두세 개씩 하고 밤에는 갖가지 책을 뒤적거리며 열심히 연구를 했지만 결과는 생각만큼 신통치 않았다. 그런데 하루는 취미삼아 서예를 배우러 갔는데 선생님이 안 씨의 마음을 알았는지 좋은 말씀을 들려주었다.

"지세를 바르게 하고 붓을 곧게 가지고, 글자의 일점일획에도 마음을 다해 전력하지 않으면 숙달될 수 없습니다."

그는 그 말을 마음속 깊이 새겨두고 그때부터는 성공을 서두르지 않기로 결심하고, 느긋한 마음으로 연구에 성실하게 매진했다고 한다. 그리고 얼마

**억만장자 TIP**

### 인공지능 줄넘기

줄넘기 횟수를 세어주고 칼로리 소비도 알려주는 인공지능 줄넘기가 있다.
보통 줄넘기와 비슷한 크기와 무게로 되어 있으며, 몇 번 뛰었느냐에 따라 몸이 소비한 칼로리를 알려주어 다이어트를 하는 여성들에게 안성맞춤이다.

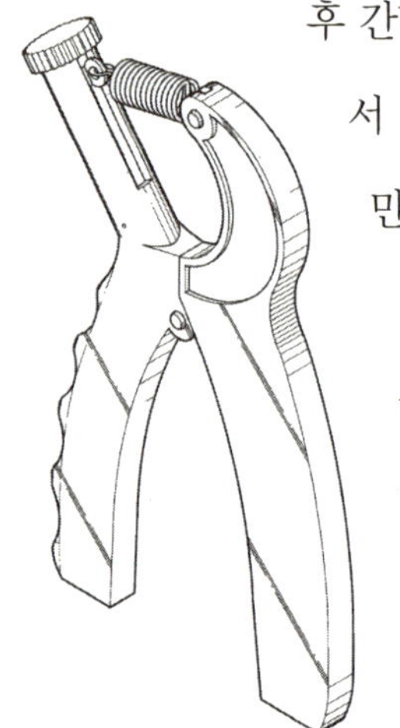

[강약조절 악력기]

후 간단한 조작만으로 스프링의 위치를 이동시켜서 힘 조절이 가능하고 내구성 있는 악력기를 만드는 데 성공했다.

이 악력기는 손과 팔의 근력 향상을 위한 운동기구로 사용자가 자기 힘에 맞게 강약을 조절할 수 있어 남녀노소 누구나 사용할 수 있다. 약 3~12킬로그램중(kgf)의 인장력을 마음대로 조절할 수 있으므로 운동선수는 물론 손힘이 약한 노인이나 여성, 그리고 팔이나 손을 다친 사람들에게 두루 유용한 운동기구이다.

현재 이 제품은 힘을 조절할 수 있는 악력기 중에서 가장 잘 팔리고 있다. 어느 정도 자금이 확보된 발명자는 특허출원 이후 본격적인 사업에 착수할 때쯤 필자를 찾아와 인연을 맺었다.

그는 출원을 하기 위해 수많은 시제품을 만들어서 본인이 원하는 기준에 맞지 않는 제품은 과감하게 버리고 다시 출발하는 열정의 사나이이다. 필자는 그를 보면 도공들의 장인정신이 생각난다. 자신의 혼이 섞이지 않았다는 이유로 다 완성한 도자기를 망치로 부수고, 불가마의 온도점이 떨어지자 그 속으로 들어가 온도를 맞췄다는 전설 속 이야기들 말이다. 그는 오늘도 소비자보다 더욱 엄격한 기준으로 자신의 제품을 평가하고 있으며, 그 흔한 광고 한번 하지 않았는데도 입소문으로 시장점유율이 탄탄대로이다.

필자는 지금까지도 그의 조언자 역할을 하고 있다. 이렇게 변리사는 단순히 출원을 대신해주는 대리자가 아니라, 제품에 대한 기술적인 부분과 사업의 타당성 등을 객관적으로 조언해주는 사람이다.

이 악력기가 상품화된 후, 현재 악력기 시장에서는 악력을 조절하는 기능이 당연하게 인식되어 이같은 제품이 많이 출시되고 있다. 안 씨의 악력기는 앞으로도 악력기의 개념을 바꿔놓은 획기적인 제품으로 영원히 기억될 것이다.

\│특허법률사무소 파트너 변리사

법무법인 중앙 변리사
성암국제특허법률사무소 변리사
법무법인 세종 변리사

│ 력
울대학교 기계설계학과 졸업

│ 력
│38회 변리사 시험 합격

**배성호** 변리사

> 약이나 주사에 의지하지 않고, 인간이 가지고 있는
> 자연치유력으로 건강을 지키는 것이 자연의학이다.
>
> 김정문

## 관절염에 좋은 상어를 사수하라

70년대 전세계를 공포 속에 빠뜨린 영화 〈죠스〉, 한밤의 백사장에서 노래를 부르며 캠프파이어를 하던 한 여자가 은은한 달빛과 낭만의 바다에 취해 바다로 헤엄쳐 들어간다. 그리고 바다 속으로 영영 사라진다. 무시무시한 상어가 그녀를 바다 저편으로 데리고 간 것이다. '상어' 하면 온몸이 오싹해지고 날카로운 이빨에 소름이 끼친다면 이 이야기에도 귀를 기울여보자.

한편 샥스핀은 상어 지느러미로 만든 음식으로 녹용에 버금가는 귀한 음식으로 꼽히는 한편, 중국이 자랑하는 농구스타 야오밍은 야생동물 보호 차원에서 상어 지느러미 요리를 먹지 않겠다고 발표해

주목을 끌기도 했다. 이렇게 우리는 상어를 무서워하기도 하고, 귀한 음식으로 여기고, 또 보호해야 할 자연으로 생각하기도 한다. 어떤 것이 옳은 것인지는 독자들의 판단에 맡기겠다.

이 이야기의 주인공 강민자 씨는 평소 퇴행성관절염으로 고생하는 어머니를 위해 좋은 약을 구하다가 우연히 상어를 접했다고 한다. 퇴행성관절염은 주로 무릎이나 팔꿈치, 손목처럼 뼈와 뼈가 만나서 관절을 이루는 연골(물렁뼈) 부위가 닳아서 나타나는 증상인데, 한번 손상되면 회복되기가 어려운 병이다. 그러던 중 뉴질랜드에 여행을 갔다가 사람들이 관절염에 좋다며 너도나도 상어연골분말을 사는 것을 보고 상어에 관심을 갖기 시작했다고 한다.

강 씨는 귀국하자마자 무작정 상어연골에 대한 자료를 수집했고, 상어가 다른 동물과 달리 몸에 뼈와 혈관이 없는 연골어류이며 이 연골을 통해 영양소를 공급한다는 사실을 알게 되었다. 또한 연골 안에 강력한 면역성분을 가지고 있는데, 이것은 상어를 질병으로부터 보호해주고 지구상에서 암에 걸리지 않는 유일한 동물로 만들었다.

사람들을 바닷속으로 조용히 끌고 가는 이 끔찍한 동물이 물렁뼈로 되어 있다는 사실이 다소 놀랍지만, 입이 물렁뼈로 되어 크게 벌릴 수 있어서 큰 물고기를 사냥하는 데 유리하다고 한다.

강민자 씨는 알면 알수록 신비한 상어에 대해 열심히 공부했고, 상어연골을 대량 수입해서 그것을 식품으로 개발할 계획을 세우고 곧장 뉴질랜드로 날아갔다. 강 씨가 서둘러 뉴질랜드행 비행기를 탄 이유는 기존에 나와 있는 분말이나 부분 추출물로 된 상어연골 식품들의 체내흡수율이 10~20퍼센트에 불과해, 치료나 예방에 많은 효과를 기대하기 어려웠기 때문이다. 그는 이미 상어연골을 흡수율 100퍼센트의 건강식으로 만들 비장한 마음가짐으로 무장되어 있었다.

## 상어연골탕을 향한 열정

한편 그 즈음에 뉴질랜드의 명문인 웰링톤 의과대학의 데이비스 박사는 쥐를 가지고 상어연골의 항암작용에 대한 연구를 진행한 결과 뉴질랜드 흉상어의 연골이 신생혈관 생성을 70퍼센트까지 억제한다는 사실을 밝혔다. 아울러 현재 암세포의 확산을 막는 데 쓰이고 있는 방사선요법이나 화학요법 대신 향후 상어연골요법도 이용해볼 가치가 있다고 발표했다. 강 씨에게 이보다 더 좋은 기회는 없었다.

그는 그 기사를 접한 후 국내로 돌아와 상어연골을 20시간 이상 끓여 용해시키는 과정에서 몇 번의 실패를 거듭한 끝에 100퍼센트 흡수되는 상어연골탕을 만들었다. '연골절취공정→악취제거공정→가열공정→절단공정→1차 혼합가열

공정→건더기 제거 및 이송공정' 등 수차례의 복잡하고 철저한 공정을 거친 후에야 합격점을 받았다고 하니 그 노고가 짐작이 가고도 남는다.

특히 이 제품의 가장 큰 문제는 상어 특유의 냄새를 없애는 것이었는데, 대파, 수삼, 감초 등을 넣어 누구든지 즐겨 먹을 수 있는 맛있는 음식을 만들었다. 이렇게 연골에 있는 성분을 하나도 빠짐없이 흡수할 수 있는 상어연골탕은 노인들의 퇴행성관절염 예방은 물론 성장기 아이들의 뼈와 이를 튼튼하게 하고 성장을 돕는 데 큰 도움이 되고 있다.

## 상어를 통째로 삼키다

어떻게 하면 '우리 식대로, 보다 쉽고 맛있게 상어연골을 먹을 수 있을까' 하고 고민했딘 발명자 덕분에 우리는 이제 맛있는 상어연골탕을 맛볼 수 있게 되었다. 이것은 KBS 'VJ특공대'에 방영(2006년 11월 3일)되어 일반 대중들에게 알려진 후 지금까지도 많은 인기를 끌고 있으며, 현재 한국은 물론 중국 등에서도 등록출원중에 있다. 또한 이 제

**억만장자** TIP

**홍합 양면코팅 기법**

홍합에서 추출한 접착성 단백질을 원료로 하는 양면코팅 기법이 발명됐다. 표면을 접착시키는 끈적끈적한 면과 단백질 세포가 접착하는 것을 막아주는 비접착성 면으로 구성된다. 금이나 티타늄 표면에 쉽게 부착되며, 최대 2주일 동안 세포부착을 막아준다.

품은 비닐포장으로 생산되어 냉동보관을 했다가 수시로 먹을 수 있기 때문에 편리성에서도 한발 앞서고 있다.

필자 역시 현직에서 변리사로 뛰고 있지만, 나이와 세월은 피해 갈 수 없는지 나날이 쑤시고 결리는 몸을 딱히 달랠 방법이 없다. 상어연골탕은 필자와 같은 사람들에게 아주 유용한 제품이다. 강 씨의 아이디어는 단순히 사업 아이템으로만 존재하는 것이 아니라, 많은 사람들의 건강을 지켜준다는 데 의미가 있다.

그런데 철갑상어 알인 캐비아의 경우, 세계의 미식가들 때문에 씨가 말라 유엔을 비롯한 환경보호주의자들이 보호운동을 펼쳐 무역을 전면 금지했다가, 2007년부터 부분적으로 해제된 상태이다. 어쨌든 무분별한 포획은 자연을 해치는 일이므로 자연에 대한 도리를 지키면서 취하는 것도 한번 생각해볼 문제이다.

건강한 아이디어는 건강한 사회를 만드는 원동력이다. 아이디어 하나로 건강도 챙기고 돈도 버는 그녀의 열정이 새삼 부럽다.

**박용환** 변리사

박용환 국제특허법률사무소 대표

학 력
국민대학교 법학과 졸업
동아대학교 대학원 법학과 석사

경 력
제13회 변리사 시험 합격
산업자원부 장관 표창
특허청장 표창
대한변리사회 감사
대한상사 중재인
부산지방법원 민사조정위원

# 불량품에서 가능성을 발견하다



## 위기를 기회로 삼아라

지금으로부터 약 40여 년 전 과학자 스펜서 실버(Spencer Silver)가 세상에서 가장 강력한 접착제를 만들기 위해 밤낮을 가리지 않고 연구에 몰두했지만 결과는 대실패였다. 접착제가 붙지 않고 자꾸 떨어지니 접착제로서의 기능이 없는 것이나 마찬가지였다. 하지만 고통과 위기는 인간의 위대한 스승이라는 말이 있다. 같은 연구소 직원인 아서 프라이(Arthur Fry)가 이 접착제를 사용할 수 있는 획기적인 아이디어를 생각해냈다. 그의 발명 역시 아주 사소한 곳에서 출발했다.

교회의 성가대원이었던 그는 찬양을 부를 페이지에 종이를 꽂아

표시했는데, 그 종이가 매번 떨어져서 다시 찾는 것이 번거로웠다고 한다. 그는 스펜서 실버가 만든 접착제를 이용해 붙였다뗐다 할 수 있는 종이를 만들자고 제안했고, 이것이 바로 '포스트잇'의 탄생신화이다.

포스트잇의 성공신화를 뒤따른 또 다른 이가 있다. 그는 '지 셀(Z-CELL)'이란 독특한 기술로 세계시장의 문을 두드린 (주)디엑스디의 박장원 대표이다. 박 대표는 우연한 기회에 자신의 운명을 바꿀 만한 아이디어를 생각했다.

박장원 대표는 나이키사에서 근무를 했다. 운동화의 생명은 아무래도 발에 충격을 덜 주고 장시간 활동해도 다리에 무리가 가지 않는 것에 있으니, 그의 주된 업무도 충격 흡수력이 높은 신발창 제조방법을 연구하는 것이었다.

그런데 어느 날 우연히 기포가 많이 생긴 불량품 창(Sole)을 하나 발견했다. 그것은 창 내부에서 기포가 완전히 빠져나가지 못해서 발생한 것인데, 이 기포들이 창 자체를 약하게 만들기 때문에 폐기처분되는 것들이었다. 그런데 그는 이 불량품을 폐기처분하지 않고, 손에 들고 이리저리 관찰하면서 골똘히 생각했다.

'이 기포들을 원하는 모양으로 만들 수는 없을까? 이 기포를 이용해 신발창의 충격 흡수력을 높이면 어떨까?

평소 스펀지에 관심이 많았던 그는 일본, 미국을 비롯한 선진국들에 의해 평준화된 스펀지 사업에 새로운 기술력과 아이디어를 불어넣고자 혼신의 힘을 다해 제품개발에 나섰다. 수많은 시행착오가 있었지만 박 대표는 오직 세계 제일의 제품을 만들겠다는 일념으로 매달린 결과 새로운 소재를 첨가할 수 있는 발포 스펀지를 개발했다. 우연한 기회에 떠올린 아이디어는 3년이라는 시간 동안 그를 붙잡고 있었고, 마침내 성공이라는 큰 선물을 주었다.

이렇게 해서 태어난 것이 차세대 성형기술인 '지 셀 제조기술'이다. 이것은 성형 몸체와 내부 공동체가 일체형으로 형성되는 가교발포성형체와 그 성형방법에 관한 특허이다.

## 이제 스펀지를 신고 걷는다

신발창의 주된 재질은 합성수지로 되어 있는데, 이것을 금형에 넣어서 누르거나 열을 가하면 일정한 모양의 신발창이 만들어진다. 즉, 금형에 합성수지를 섞은 상태에서 열이 전달되면 합성수지는 가교과정(고분자 상호간 연결)을 거쳐 하나로 합쳐진다. 그리고 그

**억만장자**

### 분리형 패션운동화

어디서든 마음대로 색상과 형태를 바꿀 수 있는 분리형 패션운동화가 발명됐다. 지퍼를 이용해 신발의 발등 부위를 붙였다뗐다 할 수 있다. 상하가 분리되어 신발 안창 깊숙이까지 세탁이 용이하며, 여행을 갈 때도 창 하나에 윗부분만 여러 개 챙겨 가면 된다.

상태에서 갑자기 압력을 제거하면 하나로 합쳐진 몸이 발포되면서 팽창하여 신발창이 만들어진다.

박 대표는 금형에 합성수지를 넣을 때 합성수지 사이에 특정 재료를 첨가해서, 합성수지의 가교과정을 방해하는 방법으로 새로운 제품을 만들고자 했다. 그러면 신발창의 특정 재료가 있는 부분은 가교가 일어나지 못하기 때문에 움푹한 곳(cell)이 생기는데, 이것을 이용해서 발포성형제품 내부에 다양한 구조와 모양의 변형을 가능케 한 '지 셀 스펀지'를 탄생시킨 것이다.

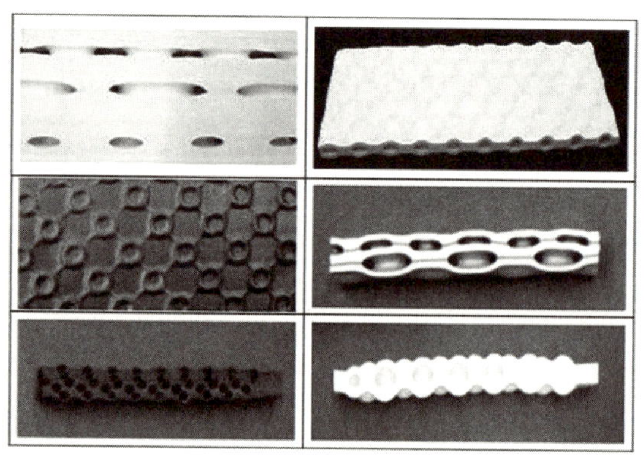

[신발창의 내부 공동 구조]

'지 셀 스펀지'는 기존의 기술과 달리 지금까지 제조가 불가능했던 발포성형제품 내부의 다양하고 자유로운 모양의 변형을 가능하게 했다. 이 기술로 만들어진 제품은 우선 무게가 가볍고 완충작용, 보온성, 방음효과가 뛰어나 신발은 물론 자동차, 항공기, 생활용품, 스포츠용품 등 모든 내장재에 두루 사용될 전망이다.

박 대표는 "소재나 제조공법에 상관없이 기술을 부여할 수 있어 광범위한 분야에 사용이 가능하다"고 강조하면서 신발산업 이외에도 캠코더, 노트북 등을 보호하기 위한 전자제품 완충용 케이스도 만들 것이라고 말했다. 종래 에어백의 한계를 극복할 키워드를 쥐고 있는 지 셀 제조기술은 지금까지 정체상태에 머물고 있었던 스펀지 시장에 새로운 바람을 불러일으킬 것이다.

포스트잇의 발명과 박 대표의 신발창을 통해 알 수 있듯이 때로는 우리 주변에 있는 많은 실패가 좋은 기회로 다시 태어난다. 플레밍은 실수로 시약통 뚜껑을 닫지 않고 방치했다가 푸른곰팡이 페니실린을 발견했고, 베네딕투스는 실험을 하다가 실수로 플라스크를 떨어뜨렸다가 유리가 흩어지지 않는 것을 보고 안전유리를 발견했다.

지금 당신의 생각에 현실성이 없어 보이는가? 조금만 다른 시각에서 바라보자! 당신도 위대한 발명가가 될 수 있다.

림국제특허법률사무소

력
산대학교 물리학과 졸업
울대학교 대학원 천문학과 석사

경 력
제37회 변리사 시험 합격
특허법인 네이트 변리사

최한수 변리사

# 신이 내린 53가지 효능, 양파



## 중국에 비만환자가 없는 진짜 이유

기름진 음식을 즐겨먹는 중국에 비만 인구와 성인병 환자가 적은 이유는 무엇일까? 기원전 4천 년에 고대 이집트에서 장례식 제물로 쓰인 흔적이 벽화에 남아 있고, 1세기 그리스에서 올림픽게임 선수들의 몸에 바른 것은 무엇일까? 정답은 양파이다.

양파에는 퀘르세틴(Quercetin)이라는 성분이 다량 함유되어 있어 탁해진 혈액을 깨끗하게 해주고 딱딱하게 굳은 동맥을 부드럽게 만들어준다. 또한 알코올 때문에 소모되는 비타민 $B_1$의 흡수를 높여주고, 눈의 피로로 두통이 생겨 책을 오래 읽지 못하는 증상을 예방하고 치료해주는 등 약 53가지의 효능이 있는 건강식품이다. 여기에 양파의 효능을 다 나열하기에는 필자에게 할애된 지면이 모자라 여기서 멈추기로 하니 독자들의 넓은 양해(?)를 바란다.

정재곤 사장은 평소에 양파에 관심이 많았고, 몸에 좋은 양파를 수시로 먹을 수 있는 방법에 대해 고민을 했다. 그러다 문득 무안에서 양파농장을 하고 있는 형님이 생각나 그에게 여러 가지 조언을 구했다고 한다. 전라남도 무안은 우리나라 양파의 주생산지로 전국 양파 생산량의 16퍼센트 이상을 차지하고 있고, 무안 지역의 게르마늄 황토 때문에 그 품질 또한 정평이 나 있었다.

정 사장은 양파를 사업화하기로 결심하고 웹에이전시를 경영했던 노하우를 살려서 인터넷으로 판매하는 '옥반식품'의 문을 열었다.

## 아이디어는 함께 나눌수록 커진다

정 사장은 양파즙의 문제점인 역겨운 냄새 등을 개선하는 기술을 개발하다가 특허출원을 도와달라며 필자를 찾아왔다. 그는 이미 목포대학교 식품공학과 박양균 교수와 공동으로 일을 추진하고 진행하고 있었다.

필자는 정 사장에게는 양파즙의 효능을 인정할 수 있는 실험 데이터를 바탕으로 명세서를 작성하라고 했고, 박양균 교수에게는 출원할 양파즙이 안고 있는 종래 기술의 문제점에 대해서 조언을 해주었다. 그들은 필자의 조언대로 일을 진행했고, 해결방법을 하나씩 찾는 과정에서 '양파즙 제조방법 및 이를 이용한 양파음료'를 특허청에 출원하였다.

그런데 정 사장은 제품의 특허출원 외에 상표출원도 하기를 원했다. 그는 처음에 양파즙을 '무안황토양파즙'이라는 이름으로 판매를 하고 있었기 때문에 양파즙의 상표도 '무안황토양파즙'으로 해달라고 부탁했지만, 그러기에는 상표법상 문제가 있었다.

'무안황토양파즙'은 무안군의 지리적 명칭이고, 황토는 품질과 효능에 관련되는 성질을 표시하는 상표이므로, 상표법의 요건에 위배되어 등록을 받을 수 없었다. 더구나 이 상표는 식별력이 부족해서 마케팅에서 브랜드 파워가 없기 때문에 다른 이름을 붙이자고 말했다.

그런데 정 사장은 머리를 싸매고 고민을 했는데도 도저히 생각이 나지 않는다며 필자에게 도움을 청해와, 이곳저곳 뒤적거리다가 옥반동 마을의 유래에 대해 찾아보았다. 정 사장이 운영하는 공장이 바로 전라남도 무안군 몽탄면 봉산리 옥반동 마을이었다.

**친환경 설탕 주방세제**

설탕 성분을 계면활성제의 주원료로 사용한 친환경 슈거 버블이 개발됐다. 설탕의 친수성을 이용하여 독성과 자극성을 없애고 거품발생 및 세정력은 높였다. 환경호르몬을 유발하지 않는 무독성으로 실수로 먹어도 몸에 해가 되지 않는다.

그리고 한자사전에서 '옥반(玉盤)'을 찾아보니 임금이 식사를 할 때 사용하는 소반(옥(玉)은 구슬을 뜻하지만 옛날에는 임금(王)으로 사용되었다)이라는 뜻이었다. 필자는 곧 정 사장에게 식별력 있는 '옥반'을 주제어로 브랜드를 만들자고 말했고, 얼마 후 특허청에 '옥반무안황토(양파주스, 양파즙 등)'를 출원했다.

브랜드를 창작할 때는 상품에 대한 상표도 중요하지만 그것을 만드는 회사의 상호도 아주 중요한 역할을 한다. 옥반식품은 주로 인터넷을 이용한 온라인 쇼핑을 하는 회사이므로 회사 상호를 서비스표로 보호받게 해야 한다고 생각해 '옥반식품'의 서비스표(양파즙 도매업, 인터넷을 통한 양파즙 판매업 등)도 출원했다. 옥반식품 서비스표는 2008년 11월 4일 특허청으로부터 등록결정서를 송달받고 설정등록을 하였다.

옥반식품은 이런 과정을 거쳐 양파즙과 관련해 상표와 특허를 획득하여 다른 양파즙 제조회사와 제품의 차별화 전략을 추진하고 있다. 결국 특허권자인 정 사장은 20년간 독점적으로 옥반식품의 양파즙 특허발명을 실시하게 되었고, 양파즙 시장에서 블루오션(Blue Ocean)을 개척하여 새로운 장을 마련하고자 지금도 노력하고 있다.

## 날개 달린 양파즙의 기적

옥반식품이 특허권과 상표권을 얻은 뒤 양파즙을 찾는 소비자들이 부쩍 늘어났다. 특허권을 얻자마자 매출이 1억5천만 원에 달해 놀랐는데, 8개월 만에 5억2천만 원으로 껑충 뛰어올라 모두들 기적이라고 말할 정도였다. 모두 인터넷 판매매출이기 때문에 외상매출 없이 이루어진 것으로 지방 중소업체로서도 매우 이례적인 성공 마케팅이었다.

그러나 옥반식품은 거기에 안주하지 않고 2009년 목표 매출액을 70억 원으로 정하고 좋은 품질의 양파즙에 대한 기술개발을 꾸준히 하고 있고, 인터넷과 방송매체를 이용한 활발한 마케팅을 펼치고 있다.

옥반식품은 현재 MBC 라디오 '양희은의 여성시대', '강석·김혜영의 싱글벙글쇼', '최양락의 재미있는 라디오'에서 광고를 하고 있으며, 전남도청과 무안군청에서 '옥반식품'을 벤치마킹 회사로 선정하여 아낌없는 지원을 해주고 있어 이들의 힘찬 행보는 앞으로도 주목 대상이다.

　옥반식품의 브랜드 가치가 상승하고 있어 소비자들이 '양파즙' 하면 '옥반식품'을 연상하는 것을 지켜볼 때마다 변리사로서 큰 보람을 느낀다. 이는 양파즙 하나만 생각하고 꾸준히 노력한 정 사장에게 주어진 당연한 보상이라고 생각한다. 당신도 성공하고 싶은가? 그렇다면 한 우물만 파라! 불가능해 보이는 아이디어도 꾸준히 연구하고 개발하면 분명히 성공으로 가는 지름길로 나갈 수 있다.

　끝으로 다이어트를 하는 여성들에게 고함! 양파의 매운맛을 내는 유화프로필 성분은 음식물이 지방으로 변하는 것을 막아주고 콜레스테롤 같은 고지방을 녹여준다고 하니 날씬한 몸매를 원하시는 분들, 양파를 먹어보자. 문득 약장사가 된 기분이지만 몸에 좋다는데 무슨 상관이랴?


남대학교 법과대학 교수

력
양대학교 공과대학 전기공학과 졸업
양대학교 산업대학원 전자통신공학과 석사
niversity of Missouri–Columbia 대학원
제학과 석사

경 력
특허청 심사관, 심판관
특허청 심사 4국 국장
외교통상부 주제네바대표부 참사관
리더스국제특허법률사무소 대표 변리사

**김원준** 변리사

# 최고를 향한 최초의 아이디어

# 2장

## 실패를 밟아야 성공을 만난다

다양한 문화 중에서 우리의 생명과 직결되는 음식문화는 현재 빠르게 서양화의 옷으로 갈아입고 있다. 그래서 필자는 이번 출원을 더욱더 자랑스럽게 생각한다. 서구문물 속에서 많은 병을 앓고 있는 우리 식단에 한 줄기 빛이 되어준 저콜란의 출원을 담당했던 변리사로서 말이다. 또한 우리 손으로 일궈낸 기술인 만큼 대한민국 밥상도 이를 기꺼이 받아들일 것이라고 믿는다. 다시 한 번 그들의 땀과 노력에 박수를 보낸다.

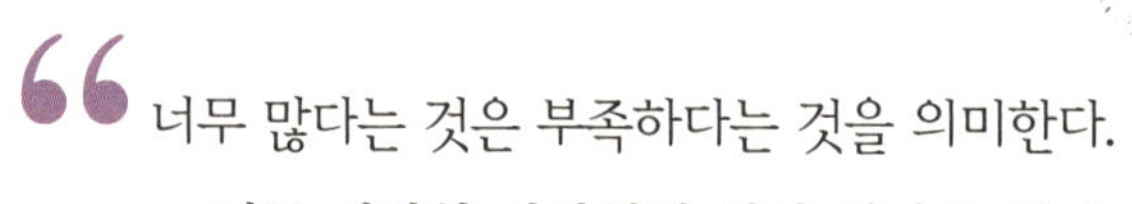

**❝** 너무 많다는 것은 부족하다는 것을 의미한다.
너무 건강한 사람처럼 심한 병자도 없다. **❞**

로맹 롤랑(Romain Rolland)

## 콜레스테롤이 매일매일 당신을 위협한다

퇴근시간에 시내에 나가면 여기저기에서 피어오르는 고기 냄새의 유혹에 고개를 돌려본 경험들이 있을 것이다. 오랫동안 채식 위주로 식사를 해오던 한국 사람들의 고기 섭취량이 최근 20~30년간 크게 늘어났다는 것을 실감나게 해주는 풍경이다.

현대인의 사망 원인 1위인 심혈관질환의 직접적인 원인은 육류에 많이 들어 있는 콜레스테롤 때문이다. 콜레스테롤이 우리 몸에 쌓이는 이유는 유전이나 환경적인 요인도 있지만 고기나 달걀 같은 동물성식품을 필요 이상으로 많이 먹기 때문이다. 그러나 동물성식품에 입맛이 길들여진 현대인들이 하루아침에 고기 섭취를 중단할 수도 없는 노릇이다.

이미 선진국에서는 저콜레스테롤 계란이나 육제품 개발에 대한 연구가 활발히 진행되고 있다. 예를 들어 콜레스테롤 저하물질을 동물에 적용시켜 콜레스테롤 수치를 낮추는 등 다양한 시도가 이루어졌다. 그러나 동물성식품의 콜레스테롤 수치를 획기적으로 낮추는 것은 생각만큼 쉬운 일이 아니었다. 사람을 치료하기 위해 개발된 약물을 동물성식품을 생산하는 데 사용하면 생산단가가 비싸기 때문에 실용성이 그만큼 떨어진다.

그런데 전세계인들을 콜레스테롤의 위험에서 구하기 위해 저콜레스테롤 동물성식품을 생산할 수 있는 아이디어를 새롭게 고안한 사람들이 나타났다. 그들은 가능한 낮은 생산단가로 콜레스테롤 저하물질을 생산하는 미생물을 배양했고, 이 배양액을 이용해 콜레스테롤 동물성식품을 생산하는 데 성공했다. 그들이 바로 주식회사 지니스생명공학의 연구원들이다.

## 콜레스테롤 걱정 뚝! 마음 놓고 고기 먹자!

지니스생명공학의 연구원들은 2000년부터 사료첨가제 개발을 시작했고, 3년 만에 저콜레스테롤 균주를 대량 배양하는 데 성공했다. 그들은 우선 배양한 균주를 사료에 섞어 수백 마리의 닭에 투여한 뒤 결과를 정리하는 데 박차를 가했다. 지니스생명공학은 천연미생물을 이용한 저렴한 콜레스테롤 저하물질로 저콜레스테롤 동물성식품을 생산하는 기술을 세계 최초로 성공했다.

이것은 현재 'CLS(콜레스테롤 합성이나 축적을 억제하는 사료첨가제)'라는 이름으로 불리고 있다. 지니스는 CLS를 개발한 후 일반 계란보다 콜레스테롤 함량이 25~30퍼센트 이상 낮은 '저콜란'을 생산했으며, 특히 이 계란은 비타민A, 비타민E, 칼슘 등 필수 영양성분도 크게 보강되었다.

그리고 2003년부터 전국 대형마트에 가면 종이상자로 깔끔하게 포장된 '저콜란'을 만날 수 있게 되었다. 가격이 일반 계란보다 3배는 더 비싸지만 그동안 콜레스테롤 때문에 계란 먹기를 두려워했던 사람들이나 비만환자들에게 날개 돋친 듯 팔려나가고 있다.

## 한국의 저콜란, 세계로 가다

저콜란은 미국에서 최고급 기능성 계란으로 알려진 EB계란보다 콜레스테롤 농도가 낮아서, 미국이나 유럽 등 선진국에서 우리 기술을 배워가느라 야단이다. 또 지니스는 저콜레스테롤 사료첨가제를 돼지에게 먹여 저콜레스테롤 돼지고기를 개발했고, 현재 'LC포크'라는 삼겹살로 인기를 얻고 있다.

지니스생명공학은 2007년 일본 창업투자회사인 AGI로부터 100만 달러 규모의 해외투자를 유치한 데 이어, 2008년 미국의 주요 바이오회사인 TWG로부터 1,000만 달러 규모의 투자유치 및 기술이전에 합의했다. 현재 협상이 진행중인 미국 회사와의 기술이전으로 얻게 될 수익만도 수백억 원에 달한다고 하니, 그 작은 계란 하나가 한국의 위력을 알리는 데 큰 공을 세우고 있는 게 분명하다.

지니스생명공학은 생산기술과 관련하여 국내외에서 40여 건의 국제특허와 국제 SCI 논문 등으로 보호받고 있으며, 세계적 축산 신기술만을 골라 소개하는 웹 사이트인 '피드인포 닷 컴(feedinfo.com)'에 소개되면서 한국의 기술을 세계에 널리 알리고 있다.

발명자들이 직접 저비용의 실용화를 이룩하지 않았더라면 어떻게 됐을까? 우리는 여전히 선진국의 기술과 제품을 받아들이는 데 혈안이 되어 많은 돈을 세계 곳곳에 뿌리며 살고 있다. 선진국에서 좋다고 하는 것은 벌떼처럼 몰려드는 게 한국 사람들의 보편적인 성향이기 때문에 검증조차 받지 못한 많은 제품들이 이 땅에서 판을 치고 있는 것이다.

**청국장잼**

전통 건강음식인 청국장을 잼으로 만드는 기술이 발명됐다. 기존의 잼과는 달리 청국장 분말과 현미, 보리 등을 원료로 사용해서 청국장 특유의 향은 줄이고 뒷맛은 깔끔하면서, 칼로리는 낮게 하여 어린이와 각종 성인병 예방에 탁월한 효과가 있다.

　　현재 일각에서는 선진국을 단순히 모방하는
것만으로는 선진 대열에 낄 수 없다는 자성의
목소리들이 나오고 있다. 이는 서구문화에 대
한 비판이 아니라 그것들을 여과 없이 받아들
이는 우리의 자세를 지적하는 것이다.

　　다양한 문화 중에서 우리의 생명과 직결되
는 음식문화는 현재 빠르게 서양화의
옷으로 갈아입고 있다. 그래서 필자는
이번 출원을 더욱더 자랑스럽게 생각한
다. 서구문물 속에서 많은 병을 앓고 있는 우리 식단에 한 줄기 빛이
되어준 저콜란의 출원을 담당했던 변리사로서 말이다. 또한 우리 손
으로 일궈낸 기술인 만큼 대한민국 밥상도 이를 기꺼이 받아들일 것
이라고 믿는다. 다시 한 번 그들의 땀과 노력에 박수를 보낸다.

**금강국제특허법률사무소 대표**

학 력
숙명여대 약학대학 약학과 졸업
충남대학교 산업대학원 생물공학 석사

경 력
금강국제특허법률사무소 개소
제33회 변리사 시험 합격
법원 전문심리위원
특허청 산업재산권운영협의회 위원
특허청 변리사자격심의위원회 위원

**유병선** 변리사

# 과일 깎는 사람들

> **"** 분쟁이란 우리의 창의력을 깨우는 행위이다. **"**
>
> 엔젤레스 에리언(Angelres Arian)

## 과일껍질의 혁명

얼마 전 한 초등학교에서 과일깎기대회가 열렸다. 누가 과일 껍질을 가장 길게 깎는가를 겨루는 대회였는데 고사리 같은 손으로 과일을 깎는 진지한 모습에 잠시 미소가 떠올랐다. 한편 그리스로마신화에 나오는 포모나(과일 또는 사과) 여신은 정원을 가꾸며 꽃과 과일을 돌보는 일에 빠져 있느라 아무리 멋있는 남자들이 다가와도 거들떠보지 않았다고 한다. 그러나 열 번 찍어 안 넘어가는 여자는 없다고 하지 않는가. 그녀도 결국 계절의 신 베르툼누스의 끈질긴 구애에 감동하여 그의 사랑을 받아들인다.

이 책을 읽고 있는 독자들의 입에 침이 고이기 시작했다면 과일

이야기로 이 글을 시작한 것이 퍽 다행이라고 생각한다.

21세기 최고의 화두는 무엇일까? 웰빙, 그중에서도 고기 대신 유기농 과일과 채소를 즐기는 먹거리웰빙이 사람들의 관심을 한몸에 받고 있다. 껍질 째 먹는 과일이 영양가가 많고 몸에도 좋다는 주장이 있지만, 친환경 유기농 제품에 대한 검증이 어려운 요즘 농약이 많이 묻어 있을지 모르는 과일을 껍질 째 먹는 것을 꺼리는 사람들도 있다.

그러니 일단 과일을 먹으려면 껍질을 깎아야 하는데 놀랍게도 '껍질 벗기는 것이 귀찮아서' 과일 먹기를 기피하는 사람들도 있다니 포모나가 애써 가꾼 아름다운 정원인들 무슨 소용이겠는가! 그런데 이럴 때 과일 깎는 기계가 있다면?

**뒤집어지는 책상**

청소도 안 하고 누워 텔레비전을 보고 있는데 친구가 집에 놀러왔다면? 이것만 있으면 적어도 책상은 문제없다. 책상의 상판을 뒤집으면 잡동사니들이 책상 밑으로 감쪽같이 사라져 깨끗한 책상이 된다. 책상과 식탁을 겸용으로 사용하면 유용한 제품이다.

또 식구들이 많이 모이는 명절이나 가족행사 때 주부들은 잠시도 쉴 틈이 없다. 하나라도 손을 덜고 싶은 주부들에게 과일 깎는 기계가 있다면 여간 반가운 손님이 아닐 수 없다.

하지만 '아무리 그래도 그렇지 과일 깎는 게 귀찮아서 과일을 못 먹는다니!' 하며 과일 제 피 기 (Fruit rind remover)의 필요성을 일축해버리는 사

람들이 있다

면 이 이야기를 들

어보자. 과일 껍질 벗

기는 게 노동인 사람들도 있다.

　곳감을 만드는 감 집산지 같은 곳에서는

안전하고 빠르게 과일을 깎는 일이 매우 절실하다. 예전에

는 사람이 직접 깎았기 때문에 공급이 수요를 감당하지 못했다. 그

때부터 어떻게 하면 빠르고 안전하게 과일을 깎을 수 있을까 하는

고민이 시작되었다. 많은 발명자들이 이런 생각을 했고 또 수많은

발명품이 나왔다. 가격으로 치면 1,000원짜리 간단한 도구부터 수

백만 원짜리 자동기계까지 다양한 상품이 개발되었다.

　이렇게 과일을 깎아주는 기계 덕분에 한 해에 30~100만 개씩 생

산하는 '기업형 곳감 생산농가' 가 크게 증가했다고 한다. 이쯤 되면

과일제피기를 사용하는 사람들에게 게으름뱅이라는 꼬리표가 붙을

일은 없겠다.

# 이 세상에 100퍼센트 창조된 발명품은 없다

과일제피기는 크기와 무게가 다양한 과일의 껍질을 손쉽게 깎을 수 있도록 고안된 기계이다. 그런데 필자가 이 발명품을 소개하는 이유는 발명품의 성공 사례를 말하기 위한 것이 아니라, 특허과정에서 겪은 일을 소개하기 위해서이다.

이 발명품은 과일을 한쪽에 꽂아두면 과일이 돌아가면서 칼날이 움직여서 껍질이 깎이는 원리로, 과일을 손쉽고 빠르게 깎을 수 있다. 그런데 특허를 출원하자마자 다른 과일제피기회사(또는 발명자)에서 우리가 아이디어를 침해했다며 경고를 했고, 특허심판원에서는 '과일제피기 발명에 대한 권리범위확인' 심판을 했다. 그들은 이 발명품이 자기들이 먼저 고안한 과일제피기의 흡인부, 커터부, 제어부와 비슷하고, 흡착패드 위에 회전판이 있는 것도 똑같다고 주장했다.

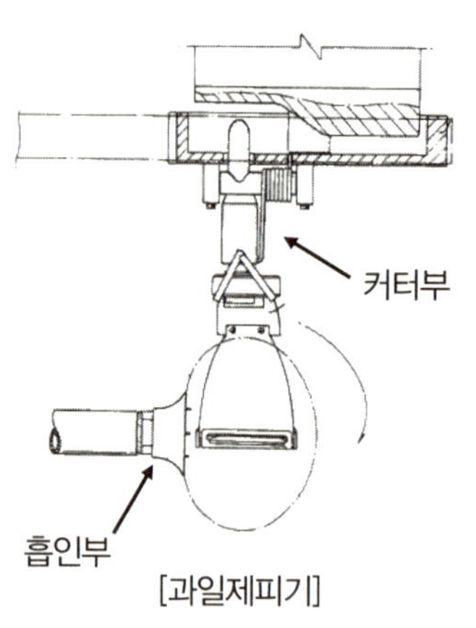



이 제품의 발명자에게는 하늘이 무너지는 일이었다. 몇 개월에서 많게는 몇 년을 걸쳐 밤잠도 못자고 연구해서 내놓은 상품이 표절이

라니 얼마나 억울하겠는가? 게다가 특허심판원도 저쪽의 손을 들어주었으니 해결의 물꼬가 보이지 않았을 것이다.

그러나 이 제품의 발명자는 다른 회사 제품을 참고하기는 했지만, 그대로 모방한 것이 아니어서 그동안 연구개발에 들인 시간과 노력이 수포로 돌아가는 것이 무척 안타까웠다. 필자는 변리사로서 그 발명자의 마음을 십분 이해했고 이 사건에 대해 상당한 호기심을 갖기 시작했다. 그래서 모방품이라는 판결을 받은 이상 기능이 약간 떨어져도 기존 특허를 피해서 제품을 생산할 수 있는 방법을 제안해보았다.

보통은 제품을 만들 때 기술적인 부분은 발명자가 담당하고, 법적인 부분은 주로 변리사가 책임을 진다. 필자는 우선 껍질이 벗겨진 과일이 여러 개의 고정핀을 가진 흡착패드에서 쉽게 분리될 수 있는 부분과 흡인부의 잦은 막힘현상을 방지해주는 부분을 고쳐서 다시 제작해보라고 말했다.

그는 희망이 있다는 이유만으로 나에게 고맙다는 말을 백 번도 넘게 했고, 얼마 후 내가 말한 대로 기존에 나와 있는 제품을 침해하지 않는 선에서 제품을 생산하는 데 성공했다. 이 발명품의 발명자는 현재 후발업자이긴 하지만, 부지런하고 성실한 마케팅으로 시장점유율이 꾸준히 증가하고 있다.

　　변리사는 발명자가 아이디어를 가져오면 상품성을 분석하고 평가
한 후, 비슷한 제품이 출원되었는지 확인한다. 그리고 유사제품이
없으면 바로 특허출원을 진행하고, 유사제품이 있으면 출원 여부에
대해 발명자와 상의를 한다. 이 경우 그냥 포기하는 발명자도 있지
만 대부분은 출원할 수 있다는 가능성을 가지고 미련을 갖는다. 필
자는 발명자에게 남들이 먼저 출원할 수 있다는 점을 알려주고 출원
할 의사가 있는지 물어보고 도움을 준다.

　　이렇게 발명자의 수고와 노력이 헛되이 사라지지 않도록 노력하
는 것이 우리 변리사들의 일이다.

**리앤목특허법인 변리사**

**학 력**
경기과학고 2년 수료
KAIST 건설 및 환경공학과 학사
KAIST 건설 및 환경공학과 석사

**경 력**
현대건설 변리사
제41회 변리사 시험 합격
태울국제특허사무소 대표 변리사

**김응석** 변리사

# 버렸다고 끝이 아니다! 가치는 재탄생된다



## 어느 고물상 주인의 고민

최근 KTX에서 옥수수 전분으로 만든 도시락통, 물통, 컵 등을 선보여 화제가 되고 있는데, 이 제품은 땅에 매립해도 2년 이내에 완전히 분해된다고 한다. 또 워싱턴대하익 크리스트 모간슨 교수팀은 로봇 묶고기를 개발하여 바다의 환경오염 물질이나 멸종 위기에 처한 고래의 위치를 추적하는 데 활용할 예정이다. 필자의 한 친구는 아이가 아토피라서 매일 아이를 엎고 한두 시간씩 산을 오른다고 한다. 필자가 무슨 이야기를 하고 있는 것인지 눈치 빠른 독자들은 벌써 알아차렸을 것이다.

그렇다. 우리는 지금 지난 세기 동안 자연을 거스른 대가를 치르고 있으며, 그 대가를 최소한으로 줄이고자 안간 힘을 쓰고 있다. 누구는 자연을 되돌리기에 인간이 너무 많이 걸어왔다고 말하고, 누구는 자연훼손은 아랑곳없이 더욱더 발전해야 한다고 말한다. 또 어떤 사람들은 무조건 자연으로 돌아가야 한다고 외친다.

누가 옳은 것일까? 만약 필자에게 묻는다면 인간이 할 수 있는 최대한의 노력을 하면서 자연과 공존할 수 있는 방법을 찾아야 한다고 말할 것이다. 그러나 말이 쉽지, 필자는 오늘 아침에도 매연을 풍기며 회사에 출근했고, 플라스틱 용기에 담긴 음식을 배달시켜 먹었다. 문득 인간의 모든 움직임이 공해라는 생각이 든다.

하지만 우리 주위에는 재활용이라는 자연이 준 선물을 잘 활용하는 사람들도 있다. 경기도 포천에서 고물상을 하는 그는 재생이 불가능한 폐비닐을 수거하는 일을 업으로 삼고 있었다. 폐비닐을 수거하면 지방자치단체나 정부로부터 1톤당 13만 원 정도의 비용을 받았는데, 폐비닐이 포화상태에 이르자 더 이상 쌓아 둘 데가 없어 수입이 끊길 판이었다. 폐비닐은 재생을 하더라도 경제성이 있는 제품으로 만들기 힘들어서 아무도 그것을 활용할 엄두를 내지 못하고 있었다.

"폐비닐을 이용해서 할 수 있는 일은 없을까?"

## 다시 태어나는 폐비닐의 비밀

발명자는 길을 가다가 교통표지판용 콘크리트 받침대를 보고 아이디어를 떠올렸다. 고속도로나 국도변에 있는 교통표지판의 기둥 아랫부분을 땅속에 묻을 때 그 기둥을 받쳐주는 지주받침대가 들어가는데, 그 지주받침대를 폐비닐로 만들겠다는 아이디어였다. 폐비닐은 표면이 매끄럽고 미관이 수려한 제품을 만드는 데에는 한계가 있어서 경제성이 없었는데, 받침대라면 문제없겠다고 생각해 당장 연구에 들어갔다.

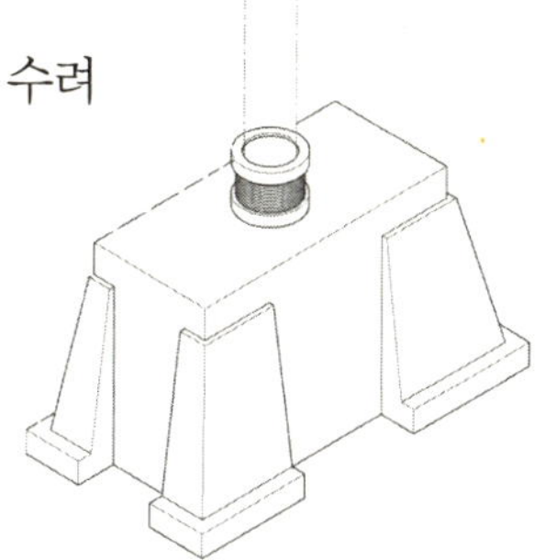

[지주받침대]

지주받침대는 보통 콘크리트로 만드는데, 콘크리트는 너무 무거워서 장정 서넛이 들어도 힘이 들었다. 그래서 지주받침대를 움직일 때마다 포클레인을 이용했는데, 작업비용도 비싸고, 작업의 효율성도 떨어지는 등 불필요한 손실이 많이 발생했다. 또한 콘크리트는 굳는 데 시간이 오래 걸린다는 단점도 있었다.

그렇다면 폐비닐로 지주받침대를 만들면 어떤 점이 좋을지 생각해보자.

첫째, 환경에 도움이 된다. 돈을 받고 가져오는 폐비닐을 그냥 쌓아두는 것이 아니라 제품을 만들어 새로운 수익을 창출한다. 둘째, 콘크리트 양생과

**억만장자** 

**풀이 자라는 콘크리트**

콘크리트에 풀이 자라게 하는 기술이 발명됐다. 콘크리트 표면층을 식물 섬유로 덮어 식물이 성장하기 적합한 환경을 마련하면 종자가 발아해서 식물띠를 만든다. 하천제방둑을 보호하고, 공공시설의 녹화에 응용하면 수토를 보호하고 대기를 깨끗하게 해준다.

정을 거치지 않게 되어 작업이 매우 빠르고 효율적이다. 그리고 가볍기 때문에 포클레인을 이용하지 않아도 된다. 셋째, 폐비닐을 이용한 지주받침대는 부식되거나 손상되지 않으므로 계속해서 사용할 수 있고, 지주의 높이를 간편하게 조절할 수 있다.

필자는 발명자의 아이디어를 들으며 이 아이디어가 돈을 벌어줄 뿐만 아니라 환경보호 차원에서도 반드시 필요한 사업이라는 결론을 내렸다. 그래서 발명자의 아이디어를 구체화할 기계의 설계와 운영방법 등 변리사로서 할 수 있는 모든 일을 적극적으로 도와주었다. 발명자는 기계에 대해서는 문외한이었기 때문에 필자에게 많은 부분을 의지했다. 필자는 마치 내 아이디어를 출원하는 기분으로 기계제작소까지 직접 찾아다니며 세세한 부분까지 자문해주었고 그만큼 큰 보람을 느꼈다.

## 돈을 부르는 아이디어

이 발명품은 돈을 버는 기술이다. 폐비닐을 수거하면 1톤당 13만 원의 수거비용을 받고, 이 비닐로 새로운 물건을 만들 수 있으니 그야말로 일거양득이다. 이와 같은 아이디어는 황금알을 낳는 첨단산업 분야는 아닐지 몰라도, 비즈니스 측면에서는 매우 활용도가 높고 경제성 있는 아이디어이다.

일단 이 제품은 원가가 없다는 것이 가장 큰 장점이다. 보통은 제품을 만들기 위해서 원료를 사들여야 하는데 이 제품은 오히려 돈을 받고 원료를 가져온다. 원료를 많이 수거할수록 돈을 많이 받고, 제품도 많이 만들 수 있으니 그야말로 땅 짚고 헤엄치기 사업이다. 사업가라면 누구라도 이런 사업을 하고 싶을 것이다. 무엇보다 재생이 불가능한 폐비닐을 이용하기 때문에 환경오염을 방지한다는 측면에서 매우 획기적인 아이템이라고 할 수 있다.

이처럼 자원 재활용 강도도 높고 비용도 절감되는 폐비닐 지주받침대는 최근 '100대 우수특허제품' 대상을 받기도 했다.

현재 발명자는 꾸준히 관련 사업을 진행하고 있는데, 정부로부터 수억 원의 지원을 받아 환경마크, 이노비즈 등을 획득하여 왕성한 기업활동을 하고 있다. 날로 성공가도를 질주하고 있는 발명자를 보면서 마치 필자의 사업이 성공하는 것 같아 무척 기쁘다.

특허법인아주 변리사/수석 파트너

학 력
고려대학교 공과대학 및 동 대학원 졸업

경 력
특허청 심사 자문위원 역임
특허청 심사관 특허법 강사

재)장애인기업종합지원센터 경영애로 상담실 상담위원
특허청 중소기업청 중소기업 상담위원
한국산업기술진흥협회(KOITA) 기술평가위원
대한변리사회 정회원, 아시아변리사회 정회원
포항테크노파크 기술이전센터 자문변리사
한국특허학회 상임이사

정병직 변리사

# 당신의 영어는 어디에 있습니까?

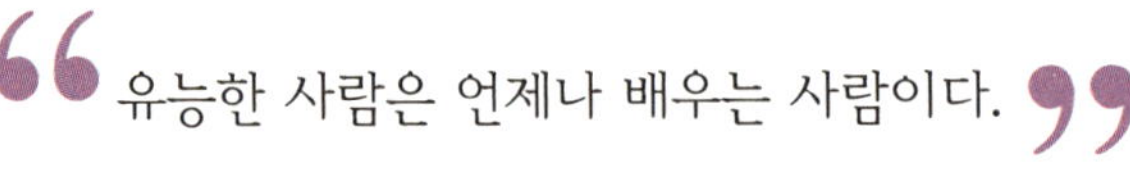

**“ 유능한 사람은 언제나 배우는 사람이다. ”**

*괴테(Wolfgang von Goethe)*

## 아이디어는 어느 날 문득 찾아온다

영어! 언제부턴가 대한민국의 교육에서 영어가 차지하는 비율이 상당히 커졌다. 대통령 선거유세에서도 영어교육론이 거론될 정도로 아이, 어른 할 것 없이 모두 영어에 매달리고 있다. 이제 갓 백일이 된 아기의 영어유치원을 미리 예약해놓는 엄마에서부터 해외연수를 가기 위해 수천만 원대의 '계' 가 성행하는 등 다양한 사회현상들이 일어나고 있는 것이 요즘 세태이다. 이런 시대에서 살아남기 위해서는 영어가 필요하고, 피할 수 없다면 이제 우리에게 남은 길은 현명한 영어공부법을 찾는 것이다.

'애로 잉글리시(Arrow English)' 라는 독특한 영어교육법을 개발한 최재봉 선생은 이공계 출신으로 무역회사에 다니는 샐러리맨이었다. 그는 회사에서 한창 잘나가던 시절, 외국 출장중에 현지 텔레비전을 보다가 문득 영어공부에 대한 아이디어가 떠올랐다고 한다.

당시 그는 10년 가까이 세계를 돌아다니며 세일즈를 했는데, 영어가 부족해 매번 콩글리시와 손짓발짓으로 고군분투하기 일쑤여서 적잖이 고통을 받고 있었다. 그런 그에게 갑자기 영어를 통째로 삼켜버릴 묘안이 떠올라 뉴스, 신문 기사, 에세이 등 주변에 있는 모든 영어 매체에 그 법칙을 적용시켜보았는데 신기하게도 모두 들어맞았다.

최재봉 선생이 발명한 영어학습에 대한 아이디어는 간단했다. 우선 영어문장은 시공간적으로 주어와 가까운 것을 먼저 설명하고 점점 멀리 있는 것으로 확장된다는 점을 핵심으로 삼았다.

이 법칙을 발견한 그는 이 놀라운 사실을 세상에 알려야겠다는 의무감과 신념으로 회사를 그만두고 영어교육 사업에 뛰어들었다. 그리고 자신의 아이디어를 법률적으로 보호해야겠다는 생각으로 필자를 찾아왔다.

최재봉 선생과의 첫 만남은 시작부터 불꽃이 튀었다. 필자 또한 변리사가

**요술 잉크**

온도를 감지하는 기능이 있는 요술 잉크가 발명됐다. 계란 표면에 글씨를 쓰면 달걀의 삶은 정도를 알 수 있다. 온도에 민감한 열크롬 프린트의 색이 변해 달걀이 반숙인지 완숙인지를 알 수 있는 원리이다.

되기 전에 영어학습서를 10여 권 정도 썼고(올해도 두산동아로부터 저
자 인세가 입금되었다), 학습교재 출판사도 직접 경영했으며, 한때는
강남에서 영어강사로 이름을 날렸을 만큼 영어에 대한 관심이 무척
뜨거웠던 시절이 있었다. 이러한 경력 덕분에 그가 창안한 영어학습
법을 누구보다 잘 이해했고 정말 뛰어난 아이디어라고 생각했다. 우
리는 찰떡궁합으로 죽이 잘 맞았고, 얼마 후 그 아이디어를 특허상
품으로 고안해냈다.

물론 그 과정에서 고민과 어려움도 있었다. 우선 특허법상 영어학
습법은 발명품의 대상이 되지 못했고, 학습서의 편집방법도 특허법상
발명품 취급을 받지 못할 가능성이 다분했다. 더구나 필자에게는 영어
학습서의 편집방법이 발명품이 될 수 없다고 거절당한 경험이 있었다.

우리는 그 아이디어를 살리기 위해 정말 많은 토의와 고민을 나누
었고, 그러는 동안 선생은 자신의 영어교육법을 학생들에게 효과적
으로 전달하기 위해 각종 다이어그램을 연구했다. 탈출구의 빛이 보
이는 순간이었다.

## 영어를 그림으로, 그림을 영어로!

그는 영어를 가르칠 때 그림을 이용한 다이어그램을 도입하는 방
식을 고안했다. 이것은 영어문장을 이미지화한 후 머릿속에서 그려

지는 그림을 순서대로 받아들여 말하고 듣고 쓰는 방식이었다. 그런데 이 다이어그램은 특허를 받더라도 제3자가 회피설계를 하기에 아주 쉽다는 게 문제였다. 필자는 특허법상 그림을 도입하면 문제가 180도 달라진다는 것을 이용해 프로그램에 그림을 도입하자고 제안했다.

▶ 우리말  한 남자 → 앉다 → 한 가운데이고 둘러싼 이들은 → 그의 친구들
▶ 영어  ❶ A man  ❷ sits  ❸ among  ❹ his friends.

독자들의 이해를 돕고자 강 선생의 영어교육법의 일부를 공개해본다.

'A man sits among his friends' 라는 문장에서 'among' 을 '~사이에' 로 해석하는 잘못된 접근법 때문에 우리는 그동안 영어문장을 그냥 나열하면서 거꾸로 해석해왔다. 그런데 이렇게 하면 시간이 2배로 들고 의미 파악도 늦기 때문에 직독직해나 직청직해(읽고 듣는 순서대로 뜻이 파악됨)가 되지 않는다.

문제는 미국인들이 'among' 의 뜻을 '~사이에' 로 파악하지 않는다는 데 있다. 그들은 'among' 을 '한가운데이고 둘러싼 이들은' 으로 파악한다. 이렇게 파악해야 그들과 동등하게 영어를 읽고 듣고 말하고 쓸 수 있다.

다이어그램을 그림으로 대응시키는 방향으로 명세서를 작성해서 특허를 출원하자 뜻하지 않은 부수입도 얻게 되었다. 그림을 이용하기 때문에 쉽게 통용되는 학습법이라는 이점도 있었다. 우리는 처음부터 외국 특허청에 출원될 것을 염두에 두고 한국 특허청용 명세서를 작성했고, 마침내 영어학습법을 특허출원하는 데 성공했다.

현재, 최재봉 선생의 영어학습법은 강남 일대에서 큰 인기를 모으고 있으며, 우리가 의도했던 대로 일본과 미국에서도 사업제휴와 라이선싱 문의가 잇따르고 있다. 또한 애로 잉글리시(Arrow English) 시리즈 서적은 외국어 학습 코너의 베스트셀러로 자리 매김하고 있으며, 외국에서도 끊임없이 번역 출판 요청이 쇄도하고 있다.

최재봉 선생의 독특한 영어학습법이 전국적으로 널리 파급되는 것을 보면 특허업계에 종사하는 사람으로서 우리나라 영어교육에 작은 기여를 했다는 사실에 큰 기쁨을 느낀다. 또 특허를 출원하는 과정에서 최 선생의 영어교육에 대한 열정과 사명감에 신선한 충격을 받으며 마치 내 일처럼 생각하고 매달렸다는 것을 이 자리를 빌려 고백한다.

**㈜광개토연구소**
광개토국제특허법률사무소 대표이사

**학 력**
서울대학교 화학과 졸업
서울대학교 환경대학원 환경계획학과 졸업

**경 력**
제38회 변리사 시험 합격
글로벌 특허 검색/분석 포털 www.patentpia.com 개발

**강민수** 변리사

# 엘리베이터를 타고 하늘을 날다



## 맛있는 생각, 즐거운 상상

미 항공우주국(NASA)에서 가까운 시일 내에 엘리베이터를 타고 우주로 여행을 떠날 수 있을 것이라고 발표해 사람들을 들뜨게 만들었다. 우주선을 띄우는 것보다 강철보다 강한 소재로 만든 엘리베이터를 타고 우주로 올라가는 것이 더 유리하다는 구상을 하고 있다는 데 과연 가능할지 궁금하다. 팀 버튼 감독의 〈찰리와 초콜릿공장〉에서 등장한 날아다니는 엘리베이터가 실제로 생긴다고 하니 먼 미래의 일이겠지만 필자는 상상만으로도 즐겁다.

그러나 이렇게 상상만으로 즐거워하는 필자 같은 사람도 있지만, 그것으로 만족하지 않고 직접 발 벗고 나서는 사람도 있으니 이 세상이 발전하는 것이 아닐까? 또한 발명품도 자기의 원래 기능에 만족하고 멈춘다면 언젠가 사람들의 기억에서 잊혀질 것이다. 따라서 이미 발명되어 시장에 나온 발명품이라 할지라도 끊임없이 개량하여 발전시켜야 한다. 엘리베이터에 홍보용 LCD를 제작하던 최경돈 사장은 그런 점에서 기억에 남는 의뢰인이다.

## 아이디어 업그레이드

최초의 현대식 엘리베이터는 프랑스의 루이 15세를 위해 베르사유 궁전에서 사용되었다고 전해지며, 그보다 더 오래전에는 이집트의 피라미드를 지었던 노예들이 직접 움직이는 엘리베이터가 있었다. 이것은 사람들의 다리를 편하게 해주는 기능은 물론 건물의 높이를 2배 이상 높게 만들어주었고, 사람들은 지금도 그 이상의 상상력으로 나아가기 위해 연구하고 있다.

엘리베이터는 자동차나 비행기보다 안전하지만, 사람들을 간혹 큰 위험에 빠뜨리기도 한다. 피해자는 대부분 안전수칙을 잘 모르는 어린아이나 몸을 제대로 가누지 못하는 노인과 환자들이다. 또는 취객이나 장난꾸러기 아이들은 엘리베이터를 기다리는 동안 승강장에 설치된 문에 기대거나 심지어 밀기까지 한다.

그런데 엘리베이터가 도착하지 않은 상태의 저편에는 텅빈 공간이 크게 입을 벌리고 있는데, 그때 문이 열리면 큰 사고를 당한다. 최근 한 조사에 따르면 한국의 엘리베이터 사고는 전국적으로 하루 평균 16건, 1만 대당 0.39명으로 영국이나 프랑스보다 5배 이상 높다고 한다.

물론 승강장 문에는 안전장치가 있다. 문의 아랫부분에 '가이드 슈'가 설치되어 있어서, 바닥에 설치된 알루미늄 레일(실, sill)의 홈에 일부가 삽입되어 문이 개폐될 때 실을 따라 이동하여 문이 엘리베이터 통로로 밀리지 않도록 한다. 그러나 가이드 슈는 가이드 역할과 밀림방지 기능을 동시에 수행해야 하기 때문에 밀림을 완벽하게 방지하지 못한다.

최경돈 사장은 여러 차례 실패작을 만들던 끝에 가이드 슈와 가이드 슈 사이의 공간을 이용해보기로 했다. 그런데 과서에는 가이드 슈기 실의 홈을 따라 이동하기 때문에, 실 홈에 뭔가를 설치하면 가이드 슈와 접촉하여 사고를 유발시킨다 하여 실 홈에 아무것도 설치하지 않았다.

그러나 최 사장은 엘리베이터의 문이 두 개라는 점에 주목했다. 엘리베

**화재 진행 방향을 예측하는 시스템**

어느 곳에서 불이 났는지, 연기의 잠재적 영향력은 어느 정도인지 인식할 수 있는 시스템이 발명됐다. 예를 들어 병원, 학교, 공원 등 원하는 장소에 대한 연기 예상 농도를 제시해준다. 특히 계획된 화재를 조기에 예측하여 피해를 줄일 수 있다.

이터의 문은 개폐시 서로 다른 방향으로 움직이기 때문에 양쪽 문에 하나씩 있는 가이드 슈와 가이드 슈 사이의 실 홈에 잠금장치를 설치해도 문의 개폐에는 전혀 문제가 되지 않는다는 결론을 내렸다. 그는 연구 끝에 실 홈에 잠금장치를 설치하고, 그 장치와 결합하는 결합고리를 만들어 밀림방지장치를 개발하는 데 성공했다.

이후 발명자는 필자를 찾아와 이 발명품을 의뢰했는데, 워낙 탁월한 제품이어서 빠른 시간 안에 출원이 이루어졌다. 그러나 최 사장은 자신의 발명품에 만족하지 않고 그후에도 이 발명품을 보완한 발명품을 계속 고안해냈다.

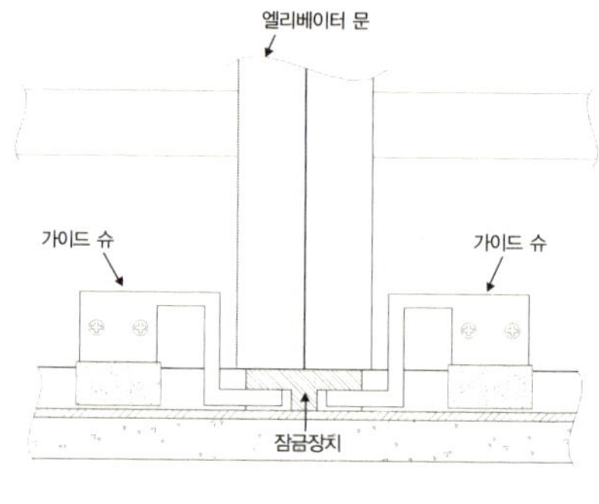

[엘리베이터 밀림방지장치]

그는 한번 무슨 일에 빠지면 앞뒤를 돌아보지 않고 매달리는 몰입형이었다. 지난 1년 동안 옆에서 바라본 최경돈이라는 사람은 그야말로 엘리베이터 밀림방지장치만을 위해 태어난 사람 같았다. 그 결과, 최 사장은 10개 이상의 관련 특허(심사중인 것을 포함)와 디자인을 보유하게 되었고, 한국의 우수 엘리베이터 회사로 선정되었다.

이처럼 하나의 발명품을 완벽하게 보호하기 위해서는 초기 발명품과 관련된 개량품들을 끊임없이 생각하고, 연구하여 실용화해야 한다. 작가 최인훈의 소설 《광장》은 출간된 지 50년이 가깝게 지났지만 시대의 변화에 따라 꾸준히 변모하여 여섯 번이나 개작되었다. 그래서 작품의 의미가 여전히 퇴색되지 않은 채 오늘날까지 젊은이들에게 많은 영향을 끼치고 있다.

고인 물은 썩기 마련이다. 마찬가지로 발전 없는 아이디어는 사장될 수밖에 없다. 우리의 인생도 업그레이드를 해야 앞으로 더욱 정진할 수 있다.


테크빌특허법률사무소 변리사

특허청국제특허연수원 강사

학 력
연세대학교 공과대학 졸업

저 서
《특허실무가이드(한국산업기술평가원)》

경 력
제21회 기술고등고시 합격(전기직)
특허청심사4국 심사관(전기, 전자)

임평섭 변리사

# CEO들이여, 특허경영에 주목하라!

> **❝** 재물을 탐하듯 자신의
> 마음속에 성공의 씨앗을 뿌려라! **❞**
>
> 랄프 에머슨(Ralph Waldo Emerson)

## 새내기 CEO와의 만남

필자는 IMF 외환위기가 지날 무렵인 1999년에 변리사 사무실을 열었다. 어린 친구들은 기억을 잘 못하겠지만, 서른 안팎의 사람들만 해도 당시 대학에 다녔던 때이니 1997년 경제 위기가 어느 정도였는지 기억할 것이다. 국민들은 나라가 외국에 진 빚을 갚기 위해 집안에 있는 돌반지부터 가보로 내려오는 금송아지까지 가지고 나와 금모으기 운동을 펼쳤고, 아나바다 운동(아껴 쓰고, 나눠 쓰고, 바꿔 쓰고, 다시 쓰는 운동)에 국산품 쓰기 운동까지 감행했다.

한편 정부에서는 실업자들에게 공공근로사업을 통해 일자리를 주고, 기업의 성장을 위해 제도적인 여건을 만들어주었다. 또한 이러한 사안에 발맞춰 벤처기업 육성정책에 따라 특허경영에 대한 인식이 급속히 커지고 정부나 각종 기관에서 자금을 많이 지원해주던 때였다. 그래서 벤처 신화를 꿈꾸며 창업을 준비하던 사람들이 무척 많았다. 그때 필자는 운 좋게도 반도체 테스트장비용 소모품인 도전고무를 주된 업종으로 창업한 중소기업을 만나게 되었다.

특히 반도체에 관련된 장비쪽은 필자에게 강점 분야였다. 다행히 변리사를 하기 전에 제품개발 엔지니어로 일했던 경험이 있어 특허 업무를 다루는 데 상당히 유리한 입장이었다. 물론 기업의 기술개발 과정에 적극적으로 개입하여 변리서비스를 수행하기란 조금 버거운 일이었지만, 뭔가 새로운 것을 시작한다는 마음에 필자는 퍽 들떠 있었다.

당시 필자를 찾아온 사람은 이제 막 회사를 창업하려는 벤처사업가였다. 필자도 당시 변리사 사무실 문을 막 열었을 때라 그에게 동병상련을 느낄 만큼 뜻 모를 애정이 생겼던 기어이 난다. 하지만 발명자는 이런저런 얘기를 하다가 특허비용을 물어보고는 약간 어두운 얼굴로 돌아갔다. 그렇게 돌아간 것이 마음에 걸려 그를 기다렸지만 한동안 연락이 없었다.

# 특허경영의 시대

그후, 변리사 사무실이 어느 정도 자리를 잡아갈 무렵 반가운 손님이 찾아왔다. 2년 전 동병상련 지기가 필자를 다시 찾아온 것이다. 오래전 잠깐 얘기를 나눈 사이었지만, 안면이 있는 터라 대화가 쉽게 이어졌고, 그도 그간의 일들을 하나둘 꺼내놓기 시작했다. 달라진 것이 있다면 그가 반도체 테스트장비 제조업체의 어엿한 사장이 되었다는 것이었다. 우선 그는 소모성 도전고무의 기술보호에 대해서 필자에게 물었다.

필자는 그의 질문에 대답하기 전에 발명품이 탄생하는 과정을 설명했다. 기업이든 개인이든 하나의 제품이나 기술을 개발하기 위해서는 아이디어 착상 단계, 개념개발 단계(아이디어 구체화 단계), 상세 설계 단계(엔지니어링 프로토타입), 생산 프로토타입 단계, 예비양산 단계(파일롯 단계), 양산 단계의 과정을 거쳐야 했다. 이것을 보통 '기술개발 사이클' 이라고 부르기도 하는데, 모든 기업이 정형화되어 있는 것은 아니었다.

이 회사도 기술개발 사이클에 맞추어 전략을 세워 컨설팅을 시도했지만, 구체적인 제품화 단계가 되기 전이기 때문에 당장은 특허등록이 어려운 상태였다. 필자는 처음부터 다시 시작하는 마음으로 제조방법, 제조시 공정조건 등 세세한 부분까지 구체화시켰고, 얼마 후 특허등록을 하는 데 성공했다.

필자는 계속해서 그와 인연이 닿아 회사 연구원들과 만나서 아이디어 토론도 하고 특허출원 방향에 대한 컨설팅도 하는 등 활발하게 활동했다. 또한 특허의식과 관련된 강연과 세미나도 주최하고, 직무발명체계를 도입하기 위한 컨설팅도 제공했다.

회사는 날이 갈수록 활기를 띠었고 연구원들의 숫자도 늘어나기 시작했다. 처음 사무실에 찾아와 어두운 얼굴로 돌아간 CEO의 얼굴은 이제 찾아볼 수 없었다. 그리고 드디어 2007년 창업 6년 만에 매출액 220억 원이라는 막대한 실적을 올렸는데, 이는 도전고무라는 아이템 선정과 CEO의 탁월한 경영력이 뒷받침되었기 때문이다.

이같은 특허경영의 성공 사례는 사회 여러 곳에서 찾아볼 수 있다. 예를 들어 안철수연구소는 올해에만 33건의 특허를 출원하여 소프트웨어 기업 중에서 가장 활발한 특허경영으로 글로벌적인 기술력을 확보하고 있다.

안철수연구소의 김홍선 대표는 "세계 시장에서 살아남기 위해서는 원천기술의 확보와 특허보유를 통해 기술적인 경쟁력을 갖춰야 하므로 국내 보

**코골이 치료하는 고무젖꼭지**

코골이로 충분한 수면을 할 수 없는 사람들을 위한 고무젖꼭지가 발명됐다. 이것을 빨면 고무젖꼭지가 치아 뒤쪽 혀 부분에 위치해서 혀가 움직이지 않게 되고 입천장도 흔들리지 않아서 코를 골지 않고 편안하게 잘 수 있도록 도와준다.

안기술의 글로벌 경쟁력은 물론 국산 소프트웨어 기술력의 위상을 높이겠다"고 말해 다시 한 번 특허경영의 중요성을 제시했다.

이제는 대기업뿐만 아니라 벤처회사를 비롯한 중소기업들이 기술로 승부를 걸기 위해서는 특허경영이 필수이다. 특히 매년 대기업이 중소기업의 기술을 침해했다고 판결이 나는 사례가 늘어나고 있는 현시점에서 중소기업이 살아남는 길은 오직 기술력 보유이다. 특허분쟁이 일어난 후 문제를 해결하는 것은 사후약방문이다.

따라서 기술개발 사이클에 맞춘 특허서비스를 제공하는 변리사 사무실을 찾아가서 보다 적극적으로 자신의 기술을 생산하고 보호하기 위해 노력해야 한다.

박승민 변리사

리앤목특허법인 변리사

학 력
연세대학교 전기공학과 졸업

경 력
제34회 변리사 시험 합격
박승민특허사무소 '힘있는특허' 운영

> **"** 이해의 나무에는 사랑의 열매가 열리고,
> 오해의 잡초에는 증오의 가시가 돋는다. **"**
>
> 이외수

## 기술전쟁과 인간전쟁의 소용돌이

변리사로 일을 하다보면 주로 중소업체 사장, 연구소의 연구원, 기업체의 특허담당자들을 많이 만나게 된다. 그런데 필자의 눈과 귀를 즐겁게 하는 고객은 따로 있었으니, 나이가 지긋한 발명왕 할아버지부터 똘똘한 눈망울의 초등학생, 하루하루를 바쁘게 살아가는 대한민국의 아줌마들이 바로 그들이다.

때로는 당장 특허출원을 끝내달라고 고집을 부리는 사람, 특허 요건이 미비해서 출원을 보류하는 것이 좋겠다고 말해도 고집스레 출원을 강요하는 독불장군, 필자가 보기에 훌륭한 아이디어인데도 불구하고 얼굴까지 붉히며 얼굴만 빼꼼히 내미는 사람들을 만나며 삶의 활기를 느끼기도 한다.

발명의 종류만큼이나 발명자들의 성향 또한 이렇게 다양하니 변리사의 삶은 기술전쟁과 인간전쟁의 소용돌이 속에서 만들어지는 것 같다. 또한 변리사는 단순한 경제법률가가 아니라 지식재산권에 대한 업무를 보는 사람이기 때문에 발명품을 놓고 사람들 간의 시비를 중재하다보면 힘든 일도 많다. 그러나 업무중에 만나는 독특한 취향의 발명자들이 주는 웃음과 감동의 순간들은 필자가 변리사로서 살아가는 기쁨이기도 하다.

## 인문학적 발명의 온라인화를 사수하라!

2008년 새해 벽두, 그날도 여느 때처럼 상담전화를 받았는데 전화를 끊자마자 그 상담자가 사무실에 불쑥 들어왔다. 20여 분 뒤에 다른 상담이 있어 준비를 하던 중이라 조금 당황했지만 일단 상담을 시작했다.

발명자는 학원을 운영하고 있는 30대 후반의 여자 원장님이었다. 그는 자리에 앉자마자 자신이 10년 동안 연구해온 작문기법을 온라인 사업으로 만들고 싶은데, 작문기법과 같은 인문학적인 요소가 발명에 해당되는 것이냐고 숨도 쉬지 않고 물었다. 그러나 필자는 조급해하는 미래의 발명자에게 차를 한 잔 권하며 조금은 부정적인 대답을 했다. 왜냐하면 인터넷 등의 온라인 기술들은 특허성을 판단하는 기준이 까다롭고 다른 기술 분야보다 특허등록률이 떨어지기 때문에 출원이 어렵기 때문이다.

원장님은 내 말을 듣자마자 세련된 외모와는 걸맞지 않게 자신이 만든 작문기법을 반드시 특허를 내야 한다며 주먹까지 불끈(?) 쥐며 말했다. 또 자신의 작문기법이 학생들의 언어학습능력을 향상시키는 데 막대한 도움을 줄 것이라고 힘주어 말했다.

그런데 원장님의 말을 들으면서 원장님 옆에 앉아 있는 젊은 남자가 자꾸만 눈에 거슬리기 시작했다. 웃음기라고는 전혀 찾아볼 수 없는 얼굴에 필자보다 두 배나 큰 몸집을 가진 그는 눈조차 제대로 맞출 수 없을 만큼 험상궂은 인상의 사람이었다. 나중에 안 사실이지만 그 남자는 학원에서 가장 인기가 많은 강사였다.

어쨌든 원장님은 여전히 사무실 책상을 주먹으로 내려치는 호기를 부리며 자신의 주장을 굽히지 않았다. 난감한 상황이었다. 출원인의 말만 믿고 무턱대고 출원을 하자고 할 수도 없는 노릇이었다. 결국 설득이 안 되는 상황을 수습하기 위해서 다시 한 번 검토해보겠

**억만장자 TIP**

### 흉터가 남지 않는 신개념 붕대

상처를 치료할 때 딱지가 생겨서 이를 뗄 때 통증과 흉터가 남는 단점을 해결한 신개념 붕대가 발명됐다. 일반 거즈와는 달리 상처에서 나오는 각종 분비물, 혈액, 고름 등을 흡수하면서 습한 환경에서 상처를 치료한다.

다는 말만 하고 서둘러 방문객을 돌려보냈다.

그날 이후 필자는 어떻게 작문기법을 발명으로 구성하고 특허출원을 할 것인가 고민에 빠졌다. 게다가 원장님의 협박 어린 얼굴이 어른거려 한동안 힘든 나날을 보내야 했다.

## 원장님, 원장님, 우리 원장님!

원장님은 그날 이후 하루가 멀다 하고 전화를 걸었고, 시도 때도 없이 이메일을 보내는 통에 필자의 사무실은 업무가 마비될 정도였다. 그런데 그럴수록 필자는 그 발명품에 더욱더 정이 가기 시작했다. 어느새 필자는 발명자의 아이디어 바이러스에 전염되어버렸고, 사무실에서, 전철 안에서, 심지어 화장실에서까지 작문기법의 특허화에 매달렸다.

그리고 얼마 후 퇴근길 지하철에서 원장님의 '인문학적 발명(?)'을 온라인 기술과 접목시켜서 진짜 발명품이 될 수 있는 구체화된 아이디어를 얻어냈다. 다음날 아침, 출근하자마자 발명자에게 전화를 걸었더니 그는 우리 사무실에 처음 왔을 때처럼 곧바로 달려왔다. 늘 동해 번쩍, 서해 번쩍하는 원장님, 원장님, 우리 원장님!

우리는 연구 콘셉트를 권리화할 방안을 찾았고, 그날부터 특허명세서를 준비하여 곧바로 특허출원을 완료했다. 며칠 후 저녁식사를 함께할 기회가 있었는데 농담 삼아 원장님의 협박이 이번 발명을 완성한 것 같다고 말하자, 절박한 마음에 자기도 모르게 실례를 범했노라며 멋쩍은 웃음과 함께 뒤늦은 사과의 말을 했다.

원장님은 현재도 새로운 온라인 사업의 런칭을 위해 밤낮을 가리지 않고 바쁘게 살고 있다. 처음 만난 변리사를 강하게 협박할 수 있는 그 뜨거운 열정을 여전히 간직하면서 말이다. 그렇게 이어진 인연에 감사하며 뿌듯한 마음으로 그의 사업이 번창하기를 바란다. 아울러 그의 작문기법으로 공부하는 학생들이 많아졌으면 하는 바람도 가져본다.

특허법률정우 대표 변리사

학 력
견세대 세라믹공학과 졸업

경 력
제35회 변리사 시험 합격

박장원특허법률사무소 변리사
특허법인 우린 변리사

**이익배** 변리사

# 춤추는 자동차가 온다

## 달리는 음악 사이로

모 MP3 플레이어 광고를 떠올려보자. 반대편에서 걸어오는 남녀가 MP3를 들으며 서로를 힐끗거린다. 그런데 여자 옆에 늘어서 있는 건물들은 음악에 맞춰 생동감 있게 움직이고 있는데, 남자쪽은 무미건조한 회색빛 도시가 연출되고 있다. 이유는 무엇일까? 여자는 음질이 뛰어난 MP3를 듣고 있기 때문이다.

MP3는 젊은이들의 생활필수품이자, 차세대 영상매체인 PMP 등으로 시대에 따라 그 모습을 자유자제로 달리하며 우리 곁에 머물고 있다. 요즘 대중교통을 이용하다보면 작은 화면 속에 푹 빠져 혼자 웃고 우는 사람들이 많다. 뭐가 그렇게 재미있나 싶어 그 화면을 기웃거리는 사람들이 있는가 하면, 보란 듯이 자신의 최첨단 기기를 꺼내서 뽐내는 사람, 영화를 보며 지하철 데이트를 즐기는 연인 등 이러한 풍경은 필자에게도 퍽 자연스러운 모습이다.

최근에는 달리는 자동차 안에서도 노트북이나 휴대전화로 MP3 파일 한 곡을 0.2초에, 영화 한 편을 37초 만에 받을 수 있는 기술이 나왔다니 그저 입이 벌어질 따름이다. 또 국내 자동차회사와 마이크로소프트가 기술을 제휴하여 휴대전화와 MP3 플레이어 등 각종 모바일 기기와 차량 간에 진보된 연결성을 제공하고, 모든 기능을 음성인식으로 개발한다고 하니 인간의 상상력은 마치 어디로 튈지 모르는 발랄한 럭비공 같다.

그런데 아무리 좋은 아이디어와 훌륭한 발명품이라도 성공하지 못하는 경우가 있다. 아이디어와 상품성은 좋은데 시기적으로 너무 빨라서 대중화시키기 힘든 경우도 있고, 대중들과 정서가 맞지 않는 경우도 있다.

필사는 13년 동인 변리시 생활을 하면서 아주 멋진 아이디어의 발명품들이 사라지는 모습을 많이 보았다. 그중에서 가장 기억에 남는 것이 자동차용 MP3 플레이어이다.

## 멋진 아이디어여, 아쉬운 안녕!

자동차용 MP3플레이어는 시기적으로 너무 빨라서 대중화가 힘든 것도 아니고, 대중들의 정서에 맞지 않는 것도 아니었다. 이 제품이 실패하게 된 원인은 특허가 출원될 무렵, 발명자가 사업에 실패해서 특허 유지료를 내지 못했기 때문이었다.

국내는 물론 미국특허까지 받아놓은 상태에서 모든 수고와 노력이 눈앞에서 수포로 돌아가니 무척 안타까웠다. 필자는 이 발명품에 상당한 애정을 가지고 있었던 터라 발명자를 도와주고 싶은 마음에 여러 경로를 통해 연락을 시도해보았지만 모두 허사였다.

무엇보다 뛰어난 상품성에도 불구하고 특허료 납부 포기로 소멸될 수밖에 없는 현실이 가장 아까웠다. 벌써 10년이나 지난 일이지만 13년 동안 변리사로 일하면서 가장 안타까운 사건이었다. 아이디어와 상품성이 모두 좋고, 그 힘들다는 미국특허까지 받아놓은 제품이 얼마 되지 않는 특허 유지료를 마련하지 못해서 사장되고만 것이다

10년 전의 일이다.

지금이야 MP3 플레이어를 모르는 사람이 거의 없을 정도로 대중화되어 있지만, 당시에는 아무도 개척하지 않은 미지의 땅이었다. 필자도 MP3 플레이어에 대한 이야기를 어깨 너머로 듣기는 했지만 한 번도 사용해본 적이 없었다. 그러던 어느 날 한 젊은이가 '자동차용 MP3 플레이어'에 대한 아이디어를 가지고 사무실 문을 두드렸다.

그 무렵에는 대부분의 자동차에 카세트나 오디오, CD플레이어가

있었다. 그런데 발명자의 아이디어를 듣고 놀랐던 것은 CD 한 장에 들어가는 곡의 개수였다. 일반 CD에는 보통 한 장에 10여 곡이 들어가는데, MP3 CD에는 무려 150~200곡까지 수록이 가능하다니 당시로서는 깜짝 놀랄 만한 일이었다.

MP3 플레이어에 문외한이었던 필자는 200여 곡을 다 들으려면 시간이 얼마나 걸릴까 헤아리며 입을 다물지 못했다. 더구나 발명자가 가지고 온 MP3 플레이어는 일반 CD와 겸용으로 사용할 수 있어서 여러 모로 편리했다.

그때도 자동차 CD 플레이어로 음악을 듣기는 했지만, 울퉁불퉁한 길을 달리면 음질이 튀고, 심지어는 플레이어의 작동이 멎거나 CD에 손상이 생기는 경우가 많았다. 또 CD에 수록된 음악이 10여 곡 이내였기 때문에 CD를 자주 교체해야 하기 때문에 무척 번거로웠다. 그런데 발명자가 가져온 발명품은 그 문제들을 모두 해결할 수 있는 기술 구조를 지니고 있었다.

그러나 이 발명품은 자동차가 달릴 때 일어나는 반동 때문에 음질이 튀는 현상을 완전히 제거했고, 고가의 시디 체인저(CD Changer)를 대체할 수 있는

**차량용 공기청정기**

음이온을 배출해 차량 실내를 쾌적하게 해주는 차량용 공기청정기가 발명됐다. 공기중에 떠다니는 대장균, 곰팡이 등의 번식을 억제시켜준다. 기존 공기청정기와 달리 음이온만 발생하며, 버튼 하나로 음이온과 오존을 동시에 나오도록 작동할 수 있다.

구조로 고안되었다. 기존 제품의 문제를 완벽하게 해결한 이 발명품이 특허출원을 받았다면 아마도 MP3로서는 최초였을 것이다.

또한 국내뿐만 아니라 해외에서도 대부분의 자동차회사에서 채택할 가능성이 높은 기술이기 때문에 많은 로열티를 받을 수 있을 거라 생각했다. 그런데 특허 유지료 납부를 며칠 앞두고 짧은 편지가 한 통 도착했다.

'변리사님, 회사에 문제가 생겨 특허 유지가 힘들 것 같습니다. 그 동안 도와주셔서 감사합니다. 그리고 죄송합니다.'

발명품에 대해 누구보다 애정이 많았던 사람이었는데 사정이 얼마나 안 좋으면 그럴까 싶어 도움을 주려고 했지만, 그 뒤로 연락이 닿지 않았다. 끝으로 어디선가 발명자가 이 글을 보고 있다면 어려웠던 시절에서 벗어나 이제 또 다른 아이디어를 가지고 필자의 사무실을 다시 한 번 찾아왔으면 한다. 아울러 늦었지만 그의 아이디어에 큰 박수를 보낸다.

**유미특허법인 파트너 변리사**

학 력
서울대학교 전기공학과

경 력
제 32회 변리사 시험 합격
원전국제특허법률사무소 변리사

**이원일** 변리사

매일경제TV 〈지금은 특허전쟁시대〉 진행
공동번역 《e-특허전략》
신지식인 특허인상 수상
사이버국제특허아카데미 온라인과정 강사
삼성종합기술원 전임강사
발명진흥회 전임강사

# 편리한 세상을 여는 아이디어

# 3장

## 아이디어는 끊임없이 성장한다

우리는 지금 노트북이나 컴퓨터를 비롯한 디지털 기기에 파묻혀 살고 있다. 그런데 문제는 그 기기들이 모두 케이블로 연결되어 있다는 점이다. 수십 대의 컴퓨터와 프린터, 복사기가 얼기설기 연결된 사무실에서 일을 하다가 어느 하나라도 고장이 나면 아주 난감한 사태가 벌어진다. 그리고 사람들은 그때마다 "아, 선 없는 세상에 살고 싶다"라고 비명을 지를 것이다. 그런데 블루투스나 지그비를 뛰어넘는 '인체통신'이란 신기술이 탄생했으니 얼마나 기쁜 일인가?

# 부팅 시간이 빠른 군인이 나라도 잘 지킨다

조지 패튼(George S. Patton)

## 김 일병, 동작 봐라!

예전 같으면 상상도 하지 못했을 '집같이 편안한 군대'의 시대가 열리고 있다. 친구와 손잡고 들어가서 자신의 재능을 펼치고, 가정의 달이면 어머니와 함께 군생활을 체험하고, 제대할 때 자격증 두세 개쯤 따가지고 나오는 게 요즘 군대이다. 또 군인들이 군대 담장에 벽화를 그려 관광객들의 눈길을 끌고, 평생 부엌 근처에는 얼씬도 안 했던 사람이 조리병이 되어 장병조리경연대회에 나가 일등을 하기도 한다.

하지만 그들에게 다시 군대에 가겠냐고 물어보면 열에 아홉은 고개를 절레절레 흔들 것이다. 왜? 아무리 편해져도 군대는 군대이기

100

때문이다. 필자 역시 다시 가고 싶은 마음은 없지만 그때 기억만은 선명하게 살아 있다.

비상훈련을 알리는 출동 비상벨이 울리면 내무반은 아수라장이 된다. 5분도 채 되지 않는 시간 동안 후다닥 철모 쓰고, 군장 메고, 군화 신고, 총포와 무전기를 짊어지고 어느새 제 위치에서 사방을 경계하는 장병들! 그런데 비상이 걸릴 때마다 군화 끈을 제대로 묶지 못해서 늦는 바람에 항상 기합을 받는 우리의 김 일병이 있었다.

군대에 다녀온 사람이라면 누구나 군화 끈을 빨리 묶지 못해서, 혹은 군화를 빨리 벗지 못해서 쩔쩔 맨 경험이 있을 것이다. 특히 한밤중에 비상이라도 걸리면 군화 끈 하나가 사람을 얼마나 허둥거리게 만드는가! 일병시절 5분 대기에 걸리면 고참들은 완전군장을 하고 저 멀리 뛰어나가는데, 여전히 굵은 군화 끈을 매느라 삐질삐질 땀을 흘릴 때의 비참함이란……

부팅 시간이 느린 컴퓨터가 사람의 인내심을 시험하다 결국 버려지듯이, 부팅(군대에서 군화를 신고 출동준비를 한다는 뜻으로 통용)이 느린 군인은 제아무리 애국심이 특출나도 적을 이길 수 없다. 하물며 육상이나 마라톤에서도 세계 신기록을 세우는 데 신발의 과학성이 중요한 영향을 미치는데, 나라를 지키는 군인이 신발 때문에 부팅이 늦어서야 되겠는가!

# 군화의 역사는 계속된다

군화의 역사는 2700년 전 사르곤2세의 궁궐벽화에서 기원을 찾을 수 있다. 사르곤2세는 페르시아만에서 지중해까지 아시리아제국을 확장시킨 위대한 왕으로, 당시 궁궐벽화에 무릎에서 발등까지 감싼 가죽부츠를 신은 사람들이 처음으로 등장한다.

오늘날의 군화는 제2차 세계대전 중 낙하산부대용으로 만들어진 것으로 뻣뻣한 가죽 때문에 발이 까지는 등 부작용이 심했다. 그래서 부드러운 가죽을 사용하고 발목과 뒤꿈치에 패드를 댄다고 한다. 또한 방수가 되도록 사출식과 봉합식 전투화의 이원화된 형태이고, 임무에 따라 사막화와 정글화로 나뉘며, 유광, 무광택 전투화도 출시될 정도로 지금까지 꾸준히 진화되어 왔다.

하지만 아직도 군화 끈을 묶는 방법은 크게 개선된 점이 없다. 군화 끈 묶기는 군대생활에서 불편하기로 치면 다섯 손가락 안에 꼽힐 정도로 군인들에게 고난이도 과제이다. 그런데 우리 군대에서는 여전히 군화를 발에 맞추지 말고 발을 군화에 맞추라고 하니, 분단된 나라에서 태어난 젊은이들의 비극이라고 말한다면 너무 과장된 말일까?

그러나 필요는 발명의 어머니라고 하지 않았던가! 1893년 미국 시카고에 사는 위트콤 저드슨(Whitcomb L. Judson)이라는 젊은이는 남들보다 뚱뚱해서 군화 끈을 묶다가 매번 지각을 했다. 그래서 군화 끈을 빨리 묶을 수 있는 방법이 없을까 고민하다가 지금의 지퍼를 발명하게 되었다고 한다. 이에 우리에게도 장병들의 애로사항을 일시에 해결해줄 제품이 발명되었는데, 그것이 바로 한국식 '요철형 끈 결착부를 가진 군화' 이다.

## 이제는 나도 빨리 묶을 수 있다

종래의 군화는 양측 결속부가 각각 상하 직선으로 절개되어 있고, 끈 구멍이 모두 같은 간격으로 뚫려 있어서 끈을 묶고 잡아당길 때 한 번에 조일 수가 없다. 잡아당기면 윗부분만 조여지기 때문에 아래쪽부터 차례대로 조여야 한다. 왜냐하면 끈을 묶을 때 아랫부분과 윗부분이 각기 다른 힘을 받기 때문이다. 물론 끈을 풀 때도 마찬가지이다.

또 장거리 행군을 할 때는 끈 구멍이 있는 결속부의 가운데 부분이 발목 부분 위에 접혀져서 발목을 압박하기 때문에 피로가 빨리 오고 심지어 발목이 부어서 걸을 수 없는 지경까지 이른다.

그러나 요철형 끈 결착부를 가진 군화는 이러한 문제점들을 말끔히 해결한 최고의 군화이다. 이것은 체중을 지

**자외선 신발소독기**

현역 육군 장교가 자외선 신발소독기를 발명했다. 훈련 중에 군화조차 제대로 벗지 못하는 군인들을 위한 발명품이다. 자외선 신발소독기는 자외선을 이용해 무좀, 곰팡이균을 살균시켜주고, 전기방향장치가 있어서 신발 악취 대신 향기가 난다.

지하고 위치를 이동하는 기능이 있으며 인간의 발을 최대한 고려해서 인체공학적으로 만들었기 때문에 무엇보다 발이 편하다.

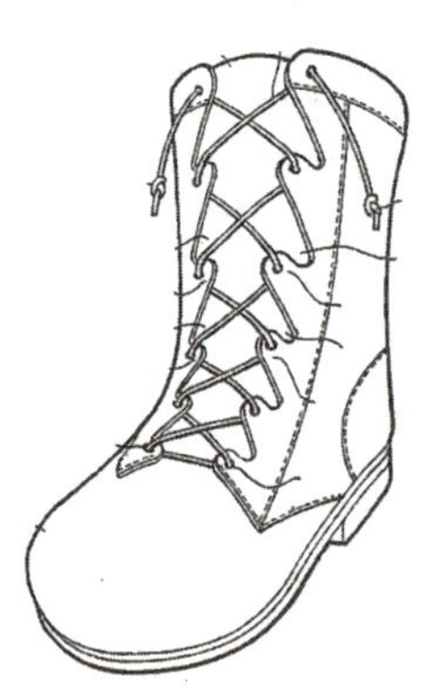

[요철형 끈 결착부 군화]

또한 윗부분으로 올라갈수록 구멍을 점점 넓게 뚫고, 구두 끈의 각도도 위로 갈수록 크게 해서 양쪽 끈 구멍이 서로 결속되는 힘이 윗부분보다 아랫부분에 많이 미치도록 발명했다. 그래서 군화 끈을 잡아당기면 한번에 묶을 수 있고, 이동을 할 때도 끈이 풀리지 않아 군인들의 스트레스가 일단락 해결되었다. 또한 발의 통증이나 부상을 방지하는 기능이 있어서 장거리 행군을 해도 발목에 압박감이 없고 군화를 신고 벗는 데 불편함이 없다.

우스갯소리지만 이제는 끈을 간편하게 풀고 맬 수 있는 군화 덕분에 군생활이 더 편해지지 않을까 노파심이 든다. 어쨌든 군생활이 편하고 즐거워야 나라도 즐겁게 지키지 않을까?

**명신특허법률사무소 대표**

**학 력**
고려대학교 대학원 법학 석사

**경 력**
제8회 변리사 시험 합격

대한상사중재원 중재인
대한변리사회 회장
아세아변리사회 회장
대통령 동탑산업훈장
국제라이온스협회354복합지구 의장
사단법인 지식재산포럼 공동대표

**김명신** 변리사

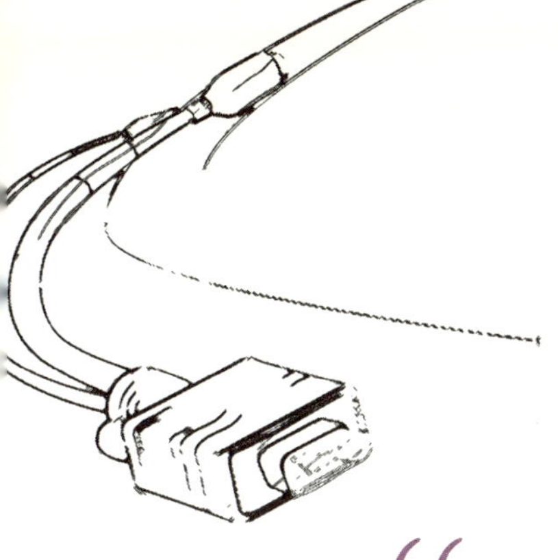

## 선 없는 세상에
## 살고 싶다

> **❝** 효과적인 프로세스는 시간 낭비를 없애며,
> 정보기술은 작업에 소요되는 시간을 단축시킨다. **❞**
>
> 빌 게이츠(William H. Gates)

## 내 몸에 디지털이 흐른다

불과 30년 전 빌 게이츠와 몇몇을 제외하고는 그 누구도 지구상의 모든 사무실과 가정에 컴퓨터가 있을 거라고 상상하지 못했다. 하지만 지금 우리는 노트북 컴퓨터를 비롯한 디지털 기기에 파묻혀 살고 있다. 많은 사람들이 순환계 이상, 컴퓨터단말기증후군(VDT), 화면 중독 등 컴퓨터로 인한 질병을 대부분 가지고 있을 정도니 인간과 컴퓨터는 떼려야 뗄 수 없는 복잡한(?) 관계임에 틀림없다.

더구나 우리는 수십 대의 컴퓨터와 프린터, 복사기가 얼기설기 연결된 곳에 살고 있다. 오늘날과 같은 최첨단 시대에도 책상 뒤편에 있는 전선들이 자기들끼리 똬리를 틀고 앉아 있다니 정말 아이러니

한 일이다. 그때 사람들은 이렇게 비명을 지를지도 모른다.

"아, 선 없는 세상에 살고 싶다."

블루투스(Bluetooth, 근거리 무선통신)나 지그비(ZigBee, 무선네트워크) 같은 신기술이 등장하기는 했지만, 우리는 여전히 디지털 기기와 연결된 선으로부터 자유롭지 못하다. 그런데 블루투스나 지그비를 뛰어넘는 '인체통신(Human Body Communication)'이란 신기술이 탄생됐다는 소식이 들려 사람들의 이목을 집중시키고 있다.

사람의 몸은 전도성을 지닌 도체의 성질을 가지고 있다. 인체통신은 케이블 대신 전기가 흐르는 사람의 몸을 이용해 데이터 통신을 실현하는 기술이다. 예를 들어 한 손으로 디지털 카메라를 쥐고, 다른 손을 프린터에 얹으면 디지털 카메라에 저장된 데이터가 프린터로 전송돼 멋진 컬러 사진이 인쇄되고, 노트북에 손을 얹은 채 MP3 플레이어를 가볍게 쥐면 노트북에 저장된 MP3파일이 MP3 플레이어에서 재생된다.

인체통신기술은 휴대전화, 디지털 카메라, MP3 플레이어, PMP 등 휴대용 디지털 기기 간의 통신뿐만 아니라, 프린터, 텔레비전, 출입시스템 등 고정기기와의 통신까지 간단한 접촉에 의해 데

### 지능형 재킷

센서에서 오는 신호를 스스로 해석한 다음 행동을 자동으로 결정하는 지능형 재킷이 발명됐다. 임베디드 센서를 이용해 옷을 항상 따뜻하게 유지시켜주고, 왼쪽 소매 부위에 맥박과 심장박동을 검사하는 모니터가 부착되어 있어서 조깅시에 착용하면 유용하다.

이터 전송이 가능하기 때문에 최근 들어 미래를 이끌어갈 산업으로 각광받고 있다. 특허청 자료에 따르면 인체통신과 관련된 특허출원은 2004년에 1건으로 시작해서, 2005년에는 9건, 2007년에는 30건으로 해마다 증가 추세를 보이고 있다.

인체통신기술은 1995년 미국 MIT 미디어랩의 토마스 짐머맨 교수가 '퍼스널 에어리어 네트워크'라는 개념을 발표하면서 본격적인 연구가 시작되었다. 그는 먼저 몸에 흐르는 전류의 변화를 이용해 몸에 약한 전기신호를 흘려보낸 뒤 이를 수신하는 센서를 만들었다. 또 전압이 다른 두 개의 전극을 몸에 붙이고 전위차를 측정해서 신호를 주고받는 방법도 연구했다.

최근 국내에서도 한국과학기술원(KAIST)의 유회준 교수팀이 휴대전화나 PMP 등의 데이터를 블루투스 장치 없이 사람의 피부를 통해 이어폰까지 전송하는 기술을 연구해서 높은 성과를 올려 특허출원을 했다.

## 기계를 버리고 사람의 손을 잡고 말하다

인체통신의 응용범위는 휴대전화, 디지털 카메라뿐만 아니라, 집, 자동차, 병원 등 인간의 모든 생활에 영향을 미칠 정도로 응용

범위가 무한하며, 우리가 상상도 하지 못할 정도의 범위로 확대될 전망이다.

예를 들어 사무실을 출입할 때, ID카드나 휴대전화를 몸에 지닌 채 도어 록에 손을 대면 문을 열 수 있다. 자동차도 인체 접촉을 통해 문을 여닫거나 시동을 걸 수 있다. 또한 ID카드를 소지한 사람이 책상 서랍이나 캐비닛에 손을 대면 문이 자동으로 열린다.

또한 지하철이나 대중교통을 이용할 때도 발밑에 리더를 설치하여 그냥 통과하는 것만으로 인증이 되니 그야말로 손 하나만 까딱하면 세상을 움직일 수 있는 시대가 온 것이다.

이처럼 인체통신기술은 기기 간에 네트워크가 구성되는 인체통신망(Body Area Network)을 지향하고 있다. 이 기술은 통신 케이블을 사용하지 않으므로 데이터를 전송할 때마다 케이블을 연결해야 하는 불편함이 없고, 신호가 인체를 통해 전송되므로 기존의 통신방식보다 보안유지에도 유리하다. 또한 간단한 접촉을 통해 네트워크가 형성되기 때문에 휴대장치로 자신이 원하는 서비스를 받을 수 있다.

또한 미래에는 인체에 장착된 정보단말기를 통해 전송된 자신의 신체 데이터를 토대로 심박수, 호흡수, 체온, 운동량 등의 생체정보를 실시간으로 측정할 수 있어 의료계에도 획기적인 바람이 불 것으로 예상된다. 이러한 서비스가 확대되면 주거환경, 가전, 의료복지 등 모든 생활에 적용되어 진정한 유비쿼터스(장소에 상관없이 자유롭게 네트워크에 접속할 수 있는 정보통신환경) 사회를 앞당길 수 있다.

인체통신기술은 IT 환경처럼 복잡한 기기에 대해서 다 알 필요가 없으며, 사용자의 생각을 바로 실현할 수 있는 직관적인 서비스를 제공해서 당신이 꿈꾸는 동화 속 삶을 그 자리에서 실현시켜준다.

하지만 기술이 여기에서 멈추면 안 된다. 모든 사람들이 안전하고 편리한 서비스를 제공받기 위해서는 인체통신의 새로운 표준화를 통해 사용자의 이용 효율성을 극대화시키는 기술의 고도화가 필요하다.

H&H국제특허법률사무소 대표

학 력
경북대학교 건축공학과 졸업
한양대학교 공학대학원 전자통신공학 석사

경 력
제41회 변리사 시험 합격
공익변리사특허상담센터
영인국제특허법률사무소
특허법인 C&S로고스

한치원 변리사

# 귀를 열어라,
# 아이디어가 들릴 것이다



> **"** 들리지 않고 울림도 없는, 오! 시간의 발자국 소리여! **"**
>
> 셰익스피어(William Shakespeare)

## 인공와우의 시대가 시작되었다

"인생은 아이스크림입니다. 녹기 전에 맛있게 먹어야죠."

영화 〈블랙〉에 나오는 대사이다. 귀도 안 들리고 눈도 안 보이는 미셸이 사하이 선생을 만나 세상의 진정한 빛을 찾는다는 내용의 영화라 오랜만에 가족들과 함께 봤던 기억이 난다. 그런데 영화에서 사하이 선생은 어린 제자에게 '불가능'이라는 단어를 끝까지 가르치지 않는다. 아마도 선생은 그녀가 수없이 부딪치게 될 인생의 많은 불가능을 이미 알고 있었기 때문이 아닐까?

눈으로 들으며 살아야 하는 청각장애인들을 위해 누군가 부르는 소리를 진동센서로 알려주는 팔찌가 나오고, 위급상황을 대비해 수

화기만 들면 자동으로 신고가 되는 전화 등 편리한 기계들이 아무리 나온들 무슨 소용이겠는가? 그들은 작은 풀벌레 소리가 듣고 싶고 '엄마'를 부르는 아이의 음성이 듣고 싶을 뿐이다.

사실 그들에게 소리를 찾아줄 수 있는 획기적인 방법은 이미 오래 전에 발명되었다. 1972년 미국의 하우스 이어 인스티튜트(House Ear Institute)를 중심으로 인공와우라는 달팽이관이 처음으로 시술된 이래, 현재까지 전세계적으로 약 5만 명이 인공와우 이식수술을 받았다.

인공와우(인공달팽이관)란 들을 수 없는 사람에게 남아 있는 청신경을 자극하여 음을 감지할 수 있도록 해주는 전자장치, 즉 청각 보조 의료기이다. 보청기는 소리를 크게 만들어 증폭된 소리를 귀에 전달해주는 역할만 하지만, 인공와우는 청각기관인 달팽이관 내의 유모세포에 손상을 입어서 소리를 전혀 듣지 못하는 고도의 난청환자에게 달팽이관을 삽입하는 수술이다.

우선 인공와우는 귓속에 있는 달팽이관을 이식하는 수신장치와 체외에서 전기 신호를 전달하는 음향처리기로 이루어

[인공와우 체내이식 장치]

져 있다. 특히 전기 자극을 청세포에 전달하는 수신장치는 청력 회복에 가장 중요한 역할을 하며 이식수술의 성공 여부도 결정한다.

그런데 기존의 인공와우는 달팽이관에 전극을 삽입하기가 매우 어려워(길이가 긴 와이어 형태의 구조물 표면에 복수의 전극이 배치된 형태이기 때문에) 이식수술의 성공 가능성이 낮고, 청세포의 해당 부분에 각각의 전극을 매치시켜야 하는 문제점이 있었다.

반면 새롭게 발명된 인공와우시술법은 전극 구조를 단순화하여 와이어 형태의 구조물을 얇게 해서 시술하기 편하게 만들어 그 효과를 의학계에서 입증받았고, 국내 출원도 등록된 상태이다.

## 모두 다 들을 수 있는 세상

인공와우를 이식하면 수술의 성공 여부도 중요하지만, 수술 후 삽입된 전자장치와 인체가 적응하는 과정이 순조로워야 한다. 이 과정을 매핑(mapping)과정이라고 하는데, 이것은 수술 후에 일정한 범위의 주파수 소리를 받아들일 때 각각의 전극이 담당하는 주파수 범위에서 역치수준(소리를 감지하기 위해 각 전극에 필요한 최소한의 전기적 자극수준)과 쾌적수준(너무 커서 불쾌감을 느끼지 않을 만큼의 가장 큰 전기적 자극수준)을 찾아내는 과정이다.

발명된 인공와우는 기존의 매핑과정보다 생체조직에 잘 적응하여 효과가 뛰어났지만, 기존 인공와우 기술과의 차이점을 찾아내는 데는 시간이 많이 걸렸다. 발명자가 생각하는 발명의 특징과 특허 관점에서 차별화시킬 수 있는 것은 약간의 차이가 있기 때문이다. 필자는 이 둘을 적절히 조화시키기 위해 수차례의 미팅과 전략회의를 진행했고, 그 결과 전기적 자극 시스템의 한계를 극복할 수 있는 제품을 고안했다.

그런데 문제는 정부에서 지원을 하고 있는데도 수술비가 워낙 고가이기 때문에 많은 청각장애인들이 수술의 혜택을 받지 못하고 있다는 점이었다. 보다 많은 난청환자가 인공와우 시술을 통해 청력을 회복할 수 있는 기회를 제공받아 새로운 인공와우시술법을 발명한 발명자의 노력이 헛되시 않도록 비랄 뿐이다.

## 사랑의 귓속달팽이

얼마 전 청각장애인과 난청인을 후원하는 단체인 '사랑의 달팽이'가 주최한 인공와우 수술을 받은 유소년으



### 인공눈

디지털 이미지 신호로 뇌를 자극해서 실명자가 물체를 인식할 수 있는 기술이 발명됐다. 디지털 비디오카메라를 장착한 안경을 쓰고 이미지를 포착한 뒤 실명자의 허리띠에 부착한 소형 컴퓨터로 신호를 보내면 대뇌피질에 심어둔 전극으로 다시 신호를 보내는 방식이다.

로 구성된 단원들의 클라리넷 연주회가 열렸다. 소리를 찾은 어린 생명들의 클라리넷 소리는 어느 명연주가의 연주보다 아름다웠으리라 생각한다. 인공와우는 청각장애인들에게 잃어버린 빛을 찾아주는 생명과도 같은 기계 그 이상의 것이다.

특허법률정우 대표 변리사

**학 력**
연세대 기계공학과 대학원 졸업

**경 력**
제39회 변리사 시험 합격

오티스LG 변리사
박장원특허법률사무소 변리사

**김준영** 변리사

> **"** 자기 직분에서 즐거움을 느끼고 보람을 찾는
> 사람은 틀림없이 성공한다. **"**
>
> 헨리 포드(Henry Ford)

## 한우는 왜 맛있을까?

한우는 왜 맛있을까? 쇠고기의 맛은 고기 안에 대리석처럼 박힌 근내지방도와 올레인산의 함량이 좌우하는데, 한우는 농우 사료로 키워서 근내지방이 많고, 호주산 고급 품종과 비교해 올레인산이 2배 정도 높다고 한다.

그런데 요즘 미국산 쇠고기 등 수입 쇠고기가 수입되면서 국내 한우시장이 크게 위협받고 있다. 또 국제곡물 가격의 폭등으로 사료값이 인상되고 고유가, 고임금의 시대로 접어들면서 축산농가의 경영난은 날로 악화되고 있다.

과거에 비해 한우의 가격이 내려가기는 했지만, 여전히 미국산이나 호주산 쇠고기보다 가격 경쟁력이 떨어지는 것은 사실이다. 한우의 가격을 내리기 위한 방법에는 여러 가지가 있겠지만 가장 확실한 방법은 한우의 공급량을 늘리는 것이고, 그러기 위해서는 암소의 출산율을 높여야 한다. 그렇다면 암소의 출산율은 어떻게 높일 것인가?

암소는 발정기에 다른 소에 올라타는 승가라는 특이한 행동을 보이는데, 암소의 승가는 발정기가 시작되었음을 알리는 중요한 신호이다. 본 아이디어의 발명자는 목장을 경영하고 있는데, 암소의 수정 시기를 놓쳐 임신확률이 떨어지는 것이 늘 고민이었다고 한다.

암소는 보통 발정주기가 21일이고, 발정 지속시간은 18~21시간 정도로 매우 짧다. 그래서 암소의 발정 여부를 알기 위해서는 항상 주의 깊게 관찰해야 하는데, 암소마다 발정 시기가 모두 다르고 야간에도 발정이 일어날 수 있기 때문에 사육자가 승가를 발견하는 것은 상당히 어려운 일이었다. 그렇다고 매일 소 옆에 붙어 있을 수만도 없는 일이었다.

## 암소의 출산율을 높여라!

목장 주인은 고심 끝에 필자의 사무실을 찾아왔다. 소에 대한 지식이 전혀 없었던 필자는 처음에 '이런 것이 어떻게 특허가 될 수 있을까?' 하고 막연하게 생각했다. 그러나 아이디어에 대한 열정으로 무장한 발명자를 보면서, 그의 목장을 직접 방문하는 등 발명을 구체화시키기 시작했고 특허가 확정될 때쯤에는 필자도 소 전문가가 다 되어 있었다.

그가 발명한 암소발정통보시스템은 발정기 대상의 암소에 장착하면 승가시 자동으로 사육자에게 알려주는 기계이다. 그러면 밤이든 낮이든 암소가 부르면 목장 주인이 바로 달려나갈 수 있으니 그들에게 이보다 더 좋은 기계는 없을 것이다.

무선시스템인 이 장치는 암소에 장착하는 송신장치와 사육자가 확인하는 수신장치로 구성되어 있다. 송신장치에는 소의 고유번호(ID)가 매겨져 있고, 승가동작을 하여 몸의 기울기가 감지되면 그 소의 고유번호가 주인에게 전달되어 알람이 울린다.

"주인님, 저 엄미기 되고 싶어요. 빨리 도와주세요."

본 발명품을 출원시킨 변리사로서 많은 농가에서 이 제품을 사용한다면 농가는 물론 국가경제에도 큰 도움이 될 것이라고 본다.

## 억만장자 TIP

### 음파로 쥐·바퀴벌레 쫓는 프로그램

컴퓨터에 딸린 스피커에서 나오는 음파를 이용해 쥐와 벌레를 쫓는 프로그램이 발명됐다. 음파를 통해 쥐의 청각과 바퀴벌레의 신경을 교란시켜 이들의 접근을 막는다. 사용자는 가장 효과적으로 벌레를 쫓는 주파수를 찾아서 조정하기만 하면 된다.

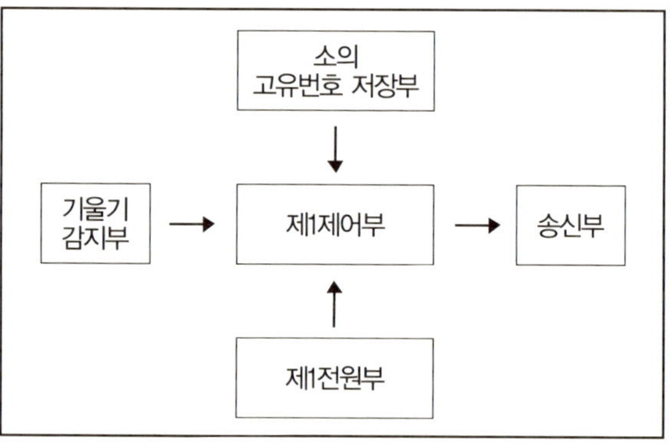



[암소발정통보시스템 송신장치]

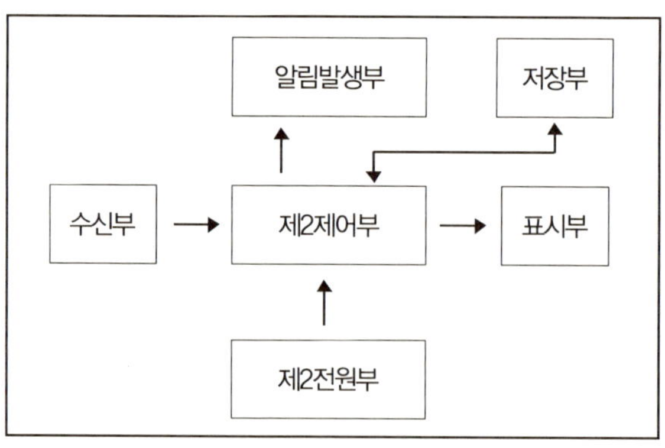



[암소발정통신시스템 수신장치]

특히 이 발명품은 가격도 저렴해 한우농가가 부담 없이 설치할 수 있다. 물론 이 아이디어 상품 하나로 우리나라의 한우산업이 지닌 문제를 전부 해결할 수는 없다. 한우농가뿐만 아니라 국가와 관련 업체에서도 유통 및 판매과정에서 발생하는 문제점을 해결하기 위해서 노력해야 한다.

그렇다고 이 발명품의 영향력을 과소평가하면 안 된다. 현재 한우의 경쟁력은 품질의 우수성에 있고 양질의 한우를 저렴한 가격으로 보다 많이 공급할 수 있다면, 쇠고기 시장에서 한우의 경쟁력은 그만큼 성장할 수 있을 것이다.

암소발정통보시스템은 단순히 한우농가에만 혜택이 돌아가는 것이 아니라 축산산업 전반에 영향을 미칠 것이고, 나아가 국가경쟁력에도 영향을 줄 것이다. 이런 것이 바로 나비효과가 아닐까?

리앤목특허법인 변리사

학 력
서울대학교 전기공학부 졸업

경 력
제37회 변리사 시험 합격

**류근성** 변리사

# 뒤를 돌아보라, 경쟁자가 달려온다



## 남보다 앞서려면 먼저 차지하라

억만장자 부자들은 남다른 안목으로 재산을 모은다. 요즘 같은 불황에도 그들처럼 앞선 생각을 알아보는 안목으로 재산을 모은다. 그것을 재빠르게 선점하는 순발력을 가지면 돈을 많이 벌 수 있다. 필자는 '앞선 생각' 하면 화가 마르셀 뒤샹이 떠오른다.

그는 처음으로 산업제품을 미술작품으로 바꿔놓은 예술가로 평가받고 있는데, 공장에서 만든 남성용 소변기를 구입해서 만든 〈샘〉은 당시 전시 자체를 거부당했을 만큼 냉대를 받았다.

그러나 현재 마르셀 뒤샹의 〈샘〉은 수억 원을 호가하는 작품이 되었다. 변기 하나에 수억 원이라니! 그 누가 상상할 수 있었겠는가?

120

그후로 많은 작가들이 그의 계보를 잇는 작업을 했지만 그의 작품을 뛰어넘을 수는 없었다. 물론 뒤샹이 돈을 벌기 위해 미술작품을 만든 것은 아니겠지만, 그만큼 앞선 생각이 중요하다는 얘기다.

## 전국의 고속도로는 내게 맡겨!

전국의 주요 고속도로의 바닥에는 차량감지루프가 있는데, 아마도 여러분들이 지나간 도로 아래 숨어 있는 루프는 상당수가 트래픽엔지니어링에서 만든 원형루프감지기일 것이다. 이 회사는 남다른 안목으로 국내 감지기 시장의 50퍼센트 이상을 점유하여 코스닥에도 상장되는 등 크게 성장하였다.

차량감지루프란 전자기 유도의 원리를 이용해 도로를 통행하는 차량을 감지하여, 그곳의 교통량이나 차량의 속도 등을 측정해서 교차로의 신호등을 직접 제어히는 등 여러 가지 교통제어의 기초 자료로 사용된다.

그런데 과거에는 차량감지루프를 땅에 묻기 위해 바닥의 길이가 약 1,800밀리미터인 팔각형 줄눈을 약 30~80밀리미터 깊이로 파고, 배선작업도 일일이 사람 손으로 작업했다. 또 전자기적 특성이 약해서 감지장치의 감도가 떨어지고, 루프를 이루고 있는 와이어가 잘 끊어졌으며, 수작업으로 줄눈을 파느라 시간도 많이 걸렸다. 그리고 줄눈 때문에 바닥의 훼손이 심해 미관상으로도 좋지 않았다.

트래픽 엔지니어링은 기존 제품의 단점을 보완하기 위해 '차량감
지루프의 배선방법 및 배선에 사용되는 장치'를 발명했다. 이것은
루프가 원형으로 되어 있어 전자기적 특성이 강하게 살아나 감지장
치의 감도가 뛰어나고, 와이어가 잘 끊어지지 않아 보수비용이 크게
절감되었다.

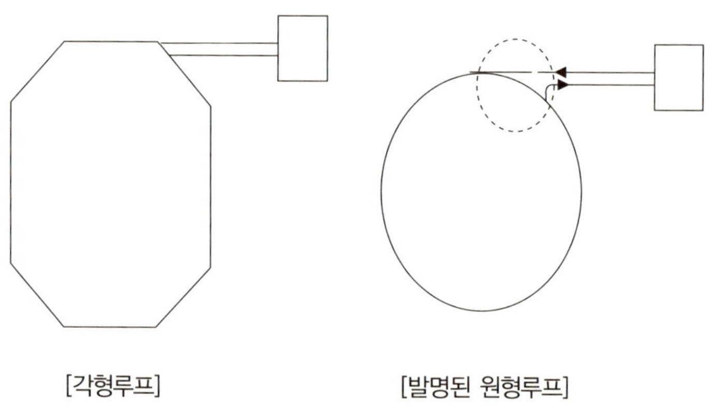

[각형루프]                          [발명된 원형루프]

또한 줄눈 파는 장치가 개발되어 작업시간이 크게 절감되고, 미리
권선된 루프를 줄눈에 삽입하여 배선하므로 배선작업의 생산성도
크게 향상되었다. 외형적으로 보더라도 수작업으로 할 때보다 바닥
의 훼손이 덜했다.

## 경쟁자를 따돌려라

필자는 곧 회사의 사장을 만나 후발 경쟁사의 시장 진입을 막기 위해서는 기술 도입시 개량특허와 관련된 기기와 재료에 대한 연구가 필요하다고 말했다. 또한 특허권을 소유하는 회사는 공공사업 입찰시 경쟁입찰이 아닌 '수의 계약'을 할 수 있다고 설명했더니, 전국에 있는 지방자치단체 및 공공기관들과 경쟁 없이 '수의 계약'을 체결하여 차량감지루프 설치작업을 실시하고 나섰다.

이후에도 경쟁사들이 시장을 진입하려고 몇 차례 시도했지만, 특허권을 바탕으로 경고장을 발송하여 경쟁사의 시장 진입을 막거나 상당 기간 지연시켰다.

이처럼 변리사가 하는 일은 쉽게 말해 경쟁자를 띠돌리고 그들이 아이디어를 보호해주는 것이다. 그런데 제아무리 뛰어난 변리사라고 해도 노력하지 않고 제자리걸음만 걷고 있는 아이디어를 보호해줄 수는 없다. 남보다 먼저 시작했다면 그 자리에 있지 말고 앞으로 더 나가야 한다.



### USN 괴속단속시스템

교통사고 위험이 많은 스쿨존에서 과속차량을 단속하는 USN(Ubiquitous Sensor Network) 기술 기반 센서가 발명됐다. 학교 정문 300미터 이내 도로에 속도 센서를 부착해 차량속도를 안내표지판에 명시하고, 감속을 유도하거나 단속에 활용한다.

얼마 전 미국 최초로 흑인 대통령이 당선되었다. 오바마가 가진 '최초'라는 타이틀이 무색해지지 않으려면, 남다른 안목으로 성공한 만큼 앞을 향해 더욱 달려야 한다. 마찬가지로 다른 사람보다 앞선 것에 안주하지 말고 계속해서 '최초'에 도전하다면 경쟁자가 아무리 많아진들 무슨 걱정이 있겠는가?

팬코리아특허법인 대표

학 력
서울대학교 자연과학대학 미생물학과 졸업
서울대학교 환경대학원 환경공학 석사

경 력
팬코리아 특허법인 개소
제26회 변리사 시험 합격
변리사회 기획이사
지식경제부 무역위원회 지재권 자문단

**김재만** 변리사

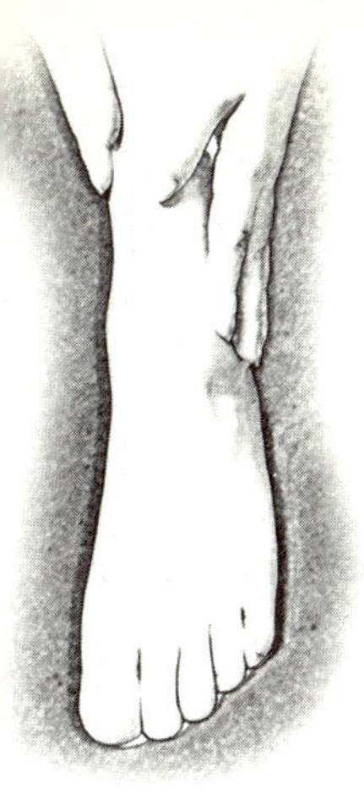

# 발이 편해야 인생도 편하다



애슐리 브릴리언트(Ahley Brilliant)

## 당신의 발뒤꿈치는 어떠십니까?

발명자는 형의 발뒤꿈치에 물집이 자주 생기는 것을 보고 발뒤꿈치보호대를 발명했다. 발명이라는 생각보다는 형의 애로사항을 해결해주겠다는 생각에 큰소리를 치면서 직접 바느질한 시제품을 형에게 착용시켜 보았다.

처음에는 "그게 무슨 소용이 있겠어?"라며 시큰둥한 반응을 보였던 형은 동생의 정성을 생각해서 속는 셈치고 발뒤꿈치보호대를 신었는데, 일주일 후 신기하게 물집이 생기지 않았다. 형제에 대한 관심이 좋은 발명품을 세상에 내놓은 것이다.

그가 발명한 발뒤꿈치보호대가 필요한 사람은 우리 주변에도 많이 있다. 농구선수들은 누구보다 심한 마크와 태클을 당하기 때문에 부상을 많이 당하는데, 늘 무릎과 발뒤꿈치에 특수보호대를 하고 뛰는 모습이 눈물겨울 정도이다. 발목을 접질리거나 인대가 끊어져서 고생하는 축구선수들도 있다. 검도의 경우도 발바닥 전체로 발구름을 해야 하는데 초보자들은 착지시에 발뒤꿈치가 바닥에 먼저 닿은 후 발바닥이 내려오는 잘못된 자세 때문에 발뒤꿈치 고통을 호소한다.

하지만 발뒤꿈치가 아파서 고생하는 사람이 어디 운동선수뿐인가? 스포츠와 레저 인구가 늘어남에 따라 일반인들 중에도 발명자의 형처럼 발뒤꿈치가 붓거나 통증을 호소하는 사람들이 늘어나고 있다. 심한 경우 아킬레스건 파열까지 일어날 정도다.

### 키가 크는 기능성 신발

어린이와 청소년들의 키 성장을 돕는 최첨단 기능성 신발이 발명됐다. 신발에서 발생하는 미세 전류가 발의 성장혈을 자극해 성장호르몬을 분비시켜서 키를 크게 한다. 세포조직이 활성화되어 단백질 합성, 내분비 호르몬의 활성화 등 다양한 효과가 있다.

발명자는 제품의 시장성을 조사한 후 전문 제작업체에 발뒤꿈치보호대에 대한 제작을 의뢰하여 대량으로 생산했고, 모 씨름단을 상대로 테스트를 해서 좋은 결과를 얻어냈다. 제품의 우수성을 파악했으니 이제 어떻게 파느냐가 문제였다. 아무리 좋은 아이디어라도 판로를 찾지 못하면 아무 소용이 없기 때문이다.

발명자는 군대시절 군화 때문에 고생

한 일을 생각하며 무작정 논산훈련소 앞으로 갔다고 한다. 입소하는 훈련병들을 상대로 발명품을 홍보했는데 결과는 예상 밖으로 좋았다. 군인들의 발뒤꿈치야 늘 성할 날이 없겠지만, 이제 갓 입소한 신병들은 특히나 반창고만으로 부은 발의 통증을 견디기가 어렵다는 것을 꿰뚫어본 것이다.

그는 모여드는 훈련병들과 그들을 따라온 부모들 앞에서 발뒤꿈치보호대를 착용하면 착지시 신발의 뒷부분과 발뒤꿈치 사이에서 발생하는 마찰력이 줄어들어 아킬레스건에 부담이 완화되고, 행군 후에도 상처가 덜 생긴다며 목이 터져라 외쳤다고 한다.

하늘은 스스로 돕는 자를 돕는다고 했던가? 이 사실은 곧 군 간부의 귀에 들어갔고, 그는 전 훈련병들을 상대로 보호대가 실제로 효과가 있는지 알아보도록 했다. 그리고 얼마 후 발뒤꿈치보호대는 육군 영내매점(PX)에 정식으로 납품되어 화려한 빛을 보았다. 그리고 발명자는 현재 한국의 특허등록을 발판으로 돈이 많이 드는 해외출원도 자신 있게 진행하고 있어서 미국, 일본, 중국, 유럽에 출원중인 상태이다.

## 평범함 속에 비범함이 있다

발뒤꿈치보호대는 발명자가 처음부터 완성된 제품을 가져와서 특별한 수정사항 없이 특허출원을 진행하였다. 기존에 같은 제품이 없어서 특허도 쉽게 되었고, 비교적 간단한 제품이어서 출원기간도 짧은 편이었다.

꼭 복잡하고 거창해야 좋은 제품으로 탄생하는 것은 아니다. 이 발명자처럼 형을 생각하는 순수한 마음에서 시작된 아이디어가 오히려 간단하고 실용적이어서 더 많은 이들이 부담 없이 찾는 경우가 많다. 평범한 아이디어에서 그 이상을 생각해내는 능력, 그것이 바로 발명자들 고유의 능력이다.

따지고 보면 언어의 발달도 의사소통의 불편을 해소하는 데서 시작되었고, 산업혁명으로 인한 기계의 발전도 생산량의 증대라는 인간의 욕망에서 비롯된 것이다. 이렇게 인간이 만들어낸 모든 문명은 사소한 욕망에서 시작된다. 이것만 기억하자, 아주 사소한 불편에서도 획기적인 아이디어가 탄생된다는 사실!

한양특허법인 파트너 변리사

학 력
서울대학교 전기공학과 졸업

경 력
제36회 변리사 시험 합격

**김세원** 변리사

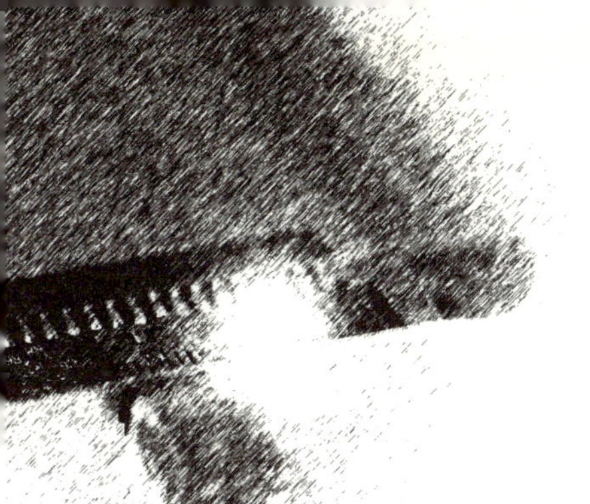


> **❝** 인간은 항상 시간이 없다고 불평하면서,
> 마치 시간이 무작정 있는 것처럼 행동한다. **❞**
>
> *세네카(Seneca)*

## 내가 없는 곳에 내가 있다

먼저 강남에 사는 김태현 씨의 하루를 따라가보자. 그는 인터넷 뉴스를 들으며 출근 준비를 한다. 한 시간여의 준비 끝에 지하철에 몸을 싣고 PMP를 꺼내 어젯밤 다운받은 최신 영화를 본다. 회사에 출근한 태현 씨는 책상에 앉자마자 이메일과 스케줄 표를 확인한 뒤, 두 대의 컴퓨터를 가지고 업무를 시작한다. 점심시간, 메신저에서 친구의 생일을 알려주어 친구의 회사로 케이크를 보냈더니 친구가 고맙다는 메시지를 보내왔다. 퇴근 길 그는 휴대전화로 관리비를 내고, 집에 돌아와 인터넷 쇼핑몰을 통해 세일중인 겨울용 점퍼를 산다.

컴퓨터 없는 김태현 씨의 일상을 상상이나 할 수 있을까? 하지만 그에게는 컴퓨터로 인한 걱정도 있다. 장소에 구애받지 않고 최신 영화를 다운받고, 케이크와 겨울용 점퍼를 사고 관리비를 낼 수 있어서 편하지만, 개인정보가 유출되지 않을까 걱정이라고 한다. 최근 주변 사람들이 겪은 피해 사례도 많고, 모르는 사람이 전화를 해서 자신의 정보를 꿰뚫고 있는 것을 보면 소름이 끼칠 정도라고 한다.

얼마 전 세계 인터넷 사용 인구 5명 중 1명꼴로 개인정보가 유출됐다는 통계가 나왔다. 다양한 원인이 있겠지만, 오프라인 상거래를 급속도로 앞지르며 연간 400조 원의 매출을 올리고 있는 전자상거래가 대표적인 원인으로 꼽히고 있다.

일상생활에서 자신의 신분을 밝히기 위해 주민등록증이 있듯이, 인터넷 세상에서는 아이디와 비밀번호가 필요하다. 그런데 다수의 웹 사이트에 접속할 때 동일한 아이디와 비밀번호를 사용하는 사용자가 많다보니 한 곳의 개인정보가 노출되면 다른 웹 사이트에도 정보가 노출되어 큰 피해를 입는다.

그래서 사용자들은 이를 피하기 위해 사이트마다 다른 아이디와 비밀번호를

### 인터넷 포털 사이트 자동 로그인 서비스

인터넷 각종 사이트의 아이디와 비밀번호를 한 곳에서 관리해주는 프로그램이 개발됐다. 쇼핑몰 결제양식, 인터넷 뱅킹용 개인정보를 암호화하여 저장하고 다시 해당 인터넷에 접속할 때 원클릭으로 필요한 정보를 채워넣을 수 있다. 카드리더기가 있는 곳에서는 스마트카드만 있으면 된다.

사용하기도 하지만, 사이트별로 자신이 등록한 개인정보를 다 기억하지 못해 로그인이 제한되는 등 혼선을 빚는 경우가 많다.

최근 이러한 문제점을 해결하기 위해서 아이디 란에 자신의 휴대전화 번호를 쓰면 해당 휴대전화로 일회성 비밀번호가 전송되고, 그 번호를 입력해서 로그인을 수행하는 방식이 개발되었다. 그런데 이 방법은 사용자가 일회성 비밀번호를 다시 입력해야 하기 때문에 불편하고, 잘못 입력하면 다시 SMS를 받아야 하는 단점이 있다.

## 인증과 동의를 한 번에!

'인스턴트 로그인'의 발명지 한민규 사장은 '인스턴트 로그인'에 대한 아이디어가 구체화되자 직장을 그만두고 (주)와이즈그램이라는 회사를 설립했다. 필자는 발명자의 이야기를 듣는 순간 인스턴트 로그인 방식이 인터넷 세상을 바꾸어놓을 것이란 기대감에 사로잡히기 시작했다.

인스턴트 로그인 방식은 웹 사이트에 자신의 휴대전화 번호를 입력하고 사용자 인증버튼을 누르면, 사용자 인증시스템에서 휴대전화로 비밀번호를 전송해준다. 그리고 별도의 확인 절차 없이 수신된 SMS에 대한 확인 응답만 하면 된다.

이때 사용자 인증시스템은 처음 발송된 사람의 식별번호와 재전송된 식별번호가 같으면 인증을 해준다. 이는 기존의 결제방식과 달리 사용자의 결제정보를 포함해 클릭 하나만으로 모든 결제가 가능하며, 인증과 동의를 한꺼번에 처리하는 방식이다.

이 아이디어는 인증시스템에 접속하는 사람이 해당 휴대전화에 적법한 사람이라는 전제(신용카드와 동일한 콘셉트)하에 발명된 것으

[인스턴트 로그인 방식]

로, 휴대전화를 들고 있는 사용자는 언제, 어디서나 로그인을 할 수 있고, 쇼핑몰 등에서도 간편하게 결제를 할 수 있다.

이 발명품은 이동통신망을 이용한 사용자 인증 및 결제 인증방식에 새로운 지표를 제시한 것으로 평가받고 있다. 그리하여 현재 미국, 유럽 등 해외 10여 개국으로 해외출원중이거나 해외특허등록을 마친 상태이다.

또한 온라인상의 전자상거래뿐만 아니라 동문회비나 가스요금 등 오프라인상의 결제시스템(모모캐시)을 개발해, 매달 요금 안내를 SMS로 받은 후 연결버튼만 누르면 결제가 이루어지도록 했다. 신호위반 등으로 교통범칙금을 내야 하는 경우에도 결제가 가능하도록 추진중이며, KTF의 윈도우 모바일과 관련해 플랫폼 설계를 마친 상태로 유럽형 GSM과 관련된 기술력을 키우는 등 세계 진출에도 서서히 불을 지피고 있다.

인터넷(컴퓨터)은 편리하다. 편해도 너무 편하다. 그런데 인터넷은 종종 인간을 조종하려 들고, 사람을 살리기도 죽이기도 할 만큼 힘이 대단하다. 새삼 그것의 거대한 힘이 두렵게 느껴지는 요즘이다. 인간들은 인터넷의 군림에서 벗어나기 위해 계속 발버둥칠 것이다. 그런 의미에서 인스턴트 로그인은 개인의 정보유출을 최대한 막아주는 데 큰 의의가 있는 빌명품이다.

허법인무한 파트너 변리사

학 력
세대학교 공과대학 전자공학과 졸업

경 력
제36회 변리사 시험 합격
김장법률사무소 변리사
특허유공자 특허청장 표창장 수상
대한변리사회장 표창 수상

송영건 변리사

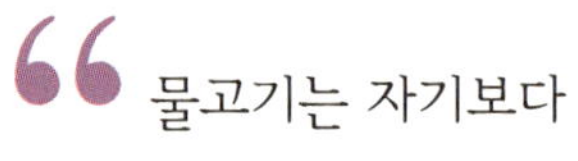

# 클릭 한 번에<br>세상과 만나는 길

**66** 물고기는 자기보다
미련한 사람에게는 절대로 잡히지 않는다. **99**

크리스웰 프리먼(Criswell Freeman)

## 당신의 직업에 만족하십니까?

우리는 자신의 직업에 얼마만큼 만족하며 살고 있을까? 그 기준은 사람마다 다르겠지만 돈을 많이 버는 직업이라고 해서 항상 큰 만족을 주는 것은 아니다. 직업만족도 조사에서 사진작가, 작가 등이 상위권을 차지한 반면, 의사나 변호사 등의 고소득직업이 하위권을 차지하는 것만 봐도 알 수 있다.

그렇다면 자기 직업에 만족하려면 어떻게 해야 할까? 우선 자신의 재능이 사회에 꼭 필요한 것이고 다른 사람에게 도움이 될 거라고 생각하면 된다. 그러면 돈을 많이 벌든 적게 벌든, 명예가 있든 없든 만족하면서 일을 할 수 있다.

134

필자 역시 변리사라는 직업에 만족하기 위해 많은 노력을 기울이고 있다. 그러나 모든 특허출원이 항상 큰 부를 가져오는 것은 아니기 때문에, 가끔은 내가 한 일이 기업에 얼마나 도움을 될까 자문하기도 한다.

지금부터 할 이야기는 인터넷 벤처기업가로 성공한 선배의 경험담으로, 필자에게 변리사라는 직업의 소중함을 상기시켜준 이야기이다.

## 하이텔, 천리안, 나우누리를 추억함

한국의 인터넷 환경은 세계적으로 가장 훌륭한 수준이다. 그러나 인터넷이 처음 한국에 소개될 당시의 환경은 열악하기 그지없었다. 전화선을 이용한 모뎀이 사용되던 시절, 인터넷 접속은 불안하기 짝이 없었고, 속도마저 느려서 동영상 전송은 꿈도 꾸지 못했으며, 사진 한 장을 전송하는 데도 시간이 많이 걸렸다.

이제는 흘러간 추억이 되었지만 당시는 '하이텔', '천리안', '나우누리' 등의 텍스트를 기반으로 하는 서비스가 'PC통신'이란 이름으로 사랑받던 시절이었다. 그러나 이러한 'PC통신'을 이용하는 것 역시 쉬운 일만은 아니었다. 당시는 'Plug & Play'라는 개념이 일반화되기 전으로 하드웨어와 소프트웨어 사이에 자동설정이 완벽하지 않았다. 따라서 인터넷 서비스를 이용하기 위해서는 네트워킹 하드웨어(모뎀)의 설정에 대한 지식이 어느 정도 필요했는데, 이는 컴퓨터에 대해 잘 모르는 사람들이 인터넷에 접근하는 데 장애가 되었다.

이 문제를 해결하기 위해 혜성처럼 등장한 '네오위즈'는 카이스트 출신의 젊은이들이 주축이 되어 설립한 작은 벤처기업이었다. 네오위즈가 발명한 '원클릭 서비스'는 원클릭 CD를 넣고 한 번만 클릭하면 인터넷 접속을 위한 설정 문제가 자동으로 해결되어 인터넷 이용이 가능한 기술로, 당시로써는 획기적인 발명품이었다.

이 서비스가 출시되자 복잡한 하드웨어 설정에 불편함을 느끼던 소비자들은 너도나도 원클릭 서비스를 찾았고, 그야말로 선풍적인 인기를 끌어모았다. 이것은 분당 20원(시간당 1,200원)의 종량제로 운영되었으며, 만만치 않은 가격에도 수많은 사람들이 컴퓨터 통신과 온라인 게임을 즐기기 위해 이를 이용하였다.

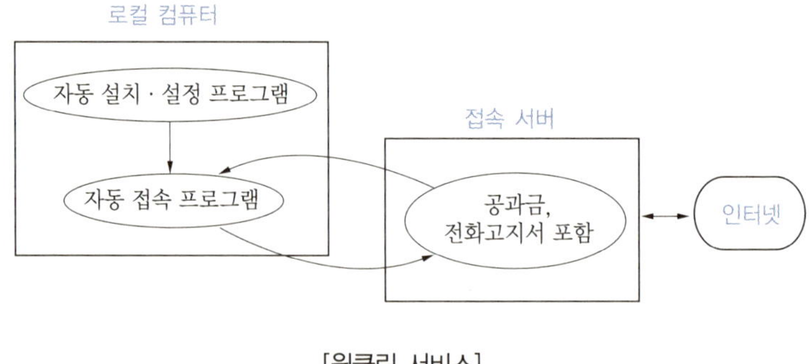


[원클릭 서비스]

원클릭 서비스는 시가 총액 1,000억 원 이상의 기업으로 성장한 네오위즈의 첫 번째 성공한 사업모델이 되었다.

## 원클릭 서비스의 특허분쟁

벤처기업이 참신한 아이디어로 시장을 개척하면 자본력을 앞세운 후발주자가 나타나는 등 성공한 사업에는 늘 경쟁자가 따라붙게 마련이다. 네오위즈의 원클릭 서비스도 자본력으로 승부하는 대기업과 맞설 수밖에 없었다.

네오위즈가 인터넷 자동접속 서비스라는 새로운 시장을 개척하자, 한국통신과 마이크로소프트에서 합작으로 원클릭 서비스와 동일한 기능을 가진 '한클릭'을 출시하여 서비스 경쟁에 나선 것이다. 후발주자인 이들은 마이크로소프트의 운영제제인 'windows ME'에 '한클릭'을 탑재할 계획이라고 발표하면서 강력한 경쟁자로 등장하였다. 그리고 자신들의 진입 장벽인 네오위즈의 특허등록에 대해 이의신청을 해서 네오위즈를 궁지로 몰기 시작했다.

네오위즈의 젊은이들은 가만히 있을

**자동물내림 비데**

용변 후에 자리를 비우면 6초 후에 자동으로 물이 내려가도록 하는 디지털 기술을 적용한 자동물내림 비데가 발명됐다. 용변 후에 물을 잘 내리지 않는 어린 자녀를 둔 가정에서 사용하면 좋다.

수 없다는 생각에 자신들의 특허등록은 유효하며 후발주자들이 불공정거래를 하고 있다고 신속하게 맞대응을 했다. 그리고 얼마 후 후발주자와 네오위즈가 팽팽한 신경전을 벌인 끝에 승리는 네오위즈에 돌아갔다. 특허 방어에 성공한 네오위즈는 후발주자들의 거센 도전에도 불구하고 인터넷 자동접속 서비스 시장에서 과반에 가까운 점유율을 유지해냈다.

이처럼 원클릭 서비스가 성공한 요인 중에 하나는 재빠른 특허출원을 통해 후발주자들의 시장 진입을 유효하게 방어해냈다는 점이다. 만약 네오위즈의 특허가 취소되었다면 원클릭 서비스에 대한 네오위즈의 독창성은 손상되었을 것이고, 원클릭 서비스의 성공 역시 담보되지 못했을 것이다.

1998년, 원클릭 서비스가 등장한 이후 10년이 지났다. 'Plug & Play'가 일반화된 지금 소비자들은 인터넷 접속을 위한 환경 설정에 전혀 부담을 느끼지 않는다. 이러한 변화에 따라 원클릭 서비스는 2004년에 서비스 제공이 중단되었다. 원클릭 서비스의 비즈니스 모델은 인터넷 환경이 성숙하기 이전에만 유효한 것이었기 때문에 그 짧은 수명은 이미 예정되어 있던 것이었다.

그러나 원클릭 서비스는 짧은 수명에도 불구하고 2001년에만 168억 원의 매출액을 올리는 등 네오위즈 성공의 훌륭한 디딤돌이 되었다. 네오위즈는 원클릭 서비스의 성공을 바탕으로 온라인 채팅 서비스 '세이클럽', 웹보드 게임 서비스 '피망'을 연이어 성공시켰다. 또한 현재 게임 퍼블리싱 사업으로 그 영역을 넓혀 '스페셜 포스', '피파 온라인' 등의 온라인 게임 서비스를 제공하고 있다.

이처럼 조그만 아이디어라도 큰 성공으로 이어질 수 있다. 하지만 모든 특허가 빠른 시간 안에 눈에 보이는 성공을 가져오는 것은 아니기에 특허출원을 준비하는 대리인 입장에서 자칫하면 매너리즘에 빠질 수 있다. 그럴 때마다 필자는 현재 대리하고 있는 발명 하나하나가 또 다른 성공의 시발점이 될 수 있음을 상기하며 마음을 다잡고 있다.

특허법인 이지 변리사

학 력
대구과학고등학교 2년 수료
KAIST 기계공학과 졸업

경 력
제43회 변리사 시험 합격

육군본부 중앙수사단 복무(사이버 범죄 수사실)
㈜첫눈(2006년 ㈜NHN 자회사로 편입) 변리사

이형국 변리사

# 손은 간편하게, 마음은 진하게

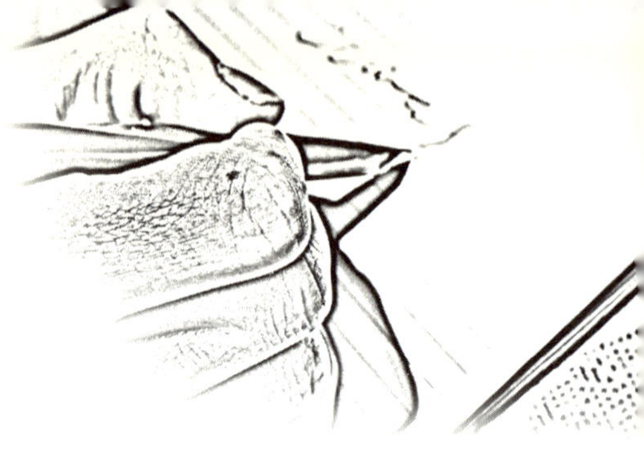



## 종이 한 장 손에 들고

어느 날 필자를 찾아온 한 고객이 대화중에 문자 메시지 한 통을 받고 웃음을 터트렸다. 무슨 좋은 일인가 싶어 물어봤더니 쑥스러워하며 문자 메시지를 보여주었다.

'아들 밥은 먹었나?'

그 고객은 나에게 양해를 구하더니 곧장 답장을 보냈다. 그는 지난 명절에 고향집에 내려가서 어머니께 문자 사용법을 알려드렸는데, 그후로 문자가 자주 온다고 하면서 활짝 웃었다. 그리고 답장도 마저 보여주었다.

'청국장을 먹었는데, 역시 어머니 손맛보다 못하네요.'

그의 문자 메시지를 보는 순간 부모님께 문자는커녕 전화를 한 게 언제인가 싶어 괜스레 마음 한구석이 허전해왔다.

그런데 요즘 이런 훈훈한 모습이 있는 반면에, 잠시 쉬어도 될 법한 두 손이 버스며 지하철, 심지어는 걷는 중에도 휴대폰 문자입력기 위에 놓여 있다. 언제, 어디서나 끊임없이 소통해야 하는 바쁜 현대들의 생활을 여실히 보여주는 모습이다. 필자 역시 '지금 손이 어디에 있나?' 쳐다보면 컴퓨터 키보드 위에 있다. 하루하루 늘어가는 업무량에 늘 바쁜 손을 볼 때마다 필자는 조금이라도 문자를 쉽게 입력하는 방법은 없을까 생각한 적이 많았다.

그러나 이것은 비단 필자만의 고민이 아니라, 하루 종일 컴퓨터 앞에 앉아 있는 현대 직장인들의 공통된 고민일 것이다. 한 젊은이가 찾아온 그날도 필자의 손은 어김없이 키보드 위에서 바쁘게 움직이고 있었다. IT분야에 종사하는 사람이라고 자기를 소개한 그는 사무실 의자에 앉자미지 이렇게 말했다.

"키보드를 사용하지 않고 마우스 휠만 움직이면 문자입력이 가능합니다."

그의 손에는 종이 한 장이 들려 있었다. 그것은 볼펜으로 깨알같이 쓴 몇 줄의 아이디어였다.

## "ㄱㅕㅇㅂㅗㄱㄱㅜㅇ?"

　　현대생활에 있어서 문자란 다양한 의사소통 수단의 기호체계인데, 여기서 다양한 소통수단이란 소리(음성)를 비롯하여 컴퓨터, 휴대전화 등을 모두 포함한다. 대한민국이 IT강국이 된 데에는 많은 이유가 있겠지만, 한국의 기호체계인 한글의 역할도 크다. 특히 컴퓨터 자판의 경우 한글표기 속도를 따라올 자(언어)가 없고, 휴대전화도 한글의 창제원리인 하늘( · ), 땅(ㅡ), 사람( ㅣ )만 있으면 어떤 모음 표기도 가능하다. 이렇게 한글의 문자입력 속도가 다른 언어에 비해 월등히 빠른 데도 더 욕심을 부리는 이유는 무엇일까?

　　언젠가 광화문에서 약속이 있어 바삐 걷고 있는데 전동 휠체어가 내 앞에 섰다. 그는 스무 살 안팎으로 보이는 신체장애인이었다. 사지가 마비되어 말도 못하고, 움직일 수 있는 것은 왼쪽 다리와 오른쪽 팔뿐이었다. 그는 무릎 위에 놓인 한글판의 자음과 모음을 한 개씩 가리키기 시작했다. 그는 몸이 많이 불편한지 모음 한 개를 가리키는 데도 시간이 오래 걸렸고, 필자 역시 그 사람의 말을 알아듣지 못해 한참이나 애를 먹었다. 그가 나에게 물어본 것은 단 세 마디였다.

　　"ㄱㅕ ㅇ ㅂㅗ ㄱ ㄱㅜ ㅇ?"

필자는 발명자가 문자입력장치에 대
한 아이디어를 가져왔을 때 그 청년이
생각났다. 몸이 불편해서 타이핑을 칠
수 없는 장애인들도 손가락만 움직이면
입력이 가능하고, 방대한 양의 문자를 입력
해야 하는 사람들도 마우스 하나로 다양한 문자입력
이 가능한 시대가 왔다는 것을 그 청년에게 제일 먼저 알려주고 싶
었다.

## 키보드로만 글을 쓸 수 있다는 편견을 버려!

새롭게 고안된 발명품은 휠 마우스, 터치패드, 트랙볼, 몇 개의
기능이 조합된 버튼 등과 같이 손가락
의 움직임을 4개의 신호로 진달할 수
있는 문자입력장치이다. 이 기계는 손
가락의 움직임을 신호화해서 입력하
는 입력장치부, 입력된 신호를 저장하
는 메모리부, 이를 연산하여 문자화시
키는 연산처리부, 이 문자를 시스템으
로 전달하는 신호제어부로 구성되어

**억만장자 TIP**

**시각장애인용 길안내 칩**

시각장애인들을 위한 유비
쿼터스 칩을 넣은 점자 보도
블록이 발명됐다. 지팡이와
유비쿼터스 커뮤니케이터를
연결한 뒤 지팡이를 짚고 칩
이 내장된 점자 블록을 따라
걸어가면 현 위치와 횡단보
도의 위치 등 보행에 필요한
정보를 얻을 수 있다.

있다.

말하자면 휠 마우스, 터치패드, 트랙볼 등의 입력장치를 이용해 한글, 알파벳, 히라가나, 가타가나, 숫자, 특수문자 등에 대응시켜서 조합된 신호가 문자입력장치를 통해 입력되면 이를 연산처리하여 대응되는 문자를 생성시키는 방식이다.

이 발명품은 이미 2006년에 출원을 끝냈고, 2008년 8월에는 국내 등록 및 해외출원까지 마친 상태이다. 발명자는 사람들이 더욱 편리하게 문자를 입력할 수 있도록 노력하고 있으며, 일반인들은 물론 몸이 불편한 사람들까지 사용할 수 있도록 다각도에서 힘쓰고 있다.

## 변리사와 발명자는 무슨 사이?

필자의 경험에 의하면, 발명자들 대부분이 일상 속에서 불편을 느끼다가 변리사를 찾아온다. 어떤 사람들은 완제품을 가져오기도 하지만 대개는 이 발명자처럼 한 줄의 짧은 아이디어나 방법만 들고와 필자와 함께 얘기를 나누다가 더 큰 아이디어로 발전시키기도 한다. 부동산에 비유하자면 발명자들은 '땅'을 가지고 오는 것이고, 다른 사람들이 그 땅에 손을 대지 못하게 하는 방법을 설명해주는 사람이 우리 변리사들이다.

얼마 전 〈웃음의 대학〉이라는 연극을 한 편 봤는데 전체적인 줄거리는 검열관과 극작가가 만나 아옹다옹 줄다리기를 하다 결국 함께 힘을 합쳐 훌륭한 희곡을 한 편 쓴다는 내용이었다. 똑같지는 않지만 검열자와 극작가의 관계를 보며 변리사와 발명자 같다는 생각을 했다.

물론 아이디어의 주인은 발명자이다. 그리고 종이 한 장에 있는 몇 줄의 아이디어에 날개를 달아주고 더 높이 날 수 있도록 도와주는 것이 변리사의 몫이라고 생각한다. 여기 문자입력장치가 부디 많은 사람들의 손에서 활발히 움직이기를 바란다.

그 청년의 손에서도……

주국제특허법률사무소 대표 변리사

력
울대학교 공과대학 기계공학과 졸업

력
39회 변리사 시험 합격
S국제특허법률사무소 변리사

신원국제특허법률사무소 변리사
대한발명진흥회 심사위원
특허청 직무발명연구회 회원
APAA, INTA, AIPPI 회원

조영현 변리사

# 사랑을
# 휴대전화로 쓰세요

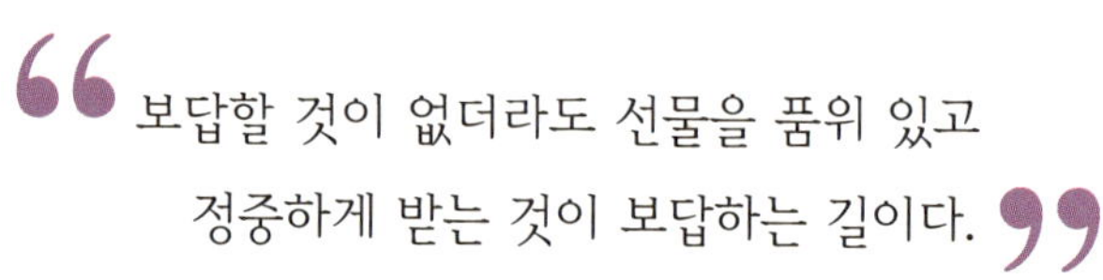

> **66** 보답할 것이 없더라도 선물을 품위 있고
> 정중하게 받는 것이 보답하는 길이다. **99**
>
> *리 헌트(Leigh Hunt)*

## 휴대전화 없이는 못살아!

사람들은 휴대전화 없는 세상을 상상도 하지 못한다. 최근 대학생 354명을 대상으로 '휴대전화 중독증에 대한 설문'을 실시한 결과 휴대전화가 없으면 허전하다는 의견이 46퍼센트를 차지할 만큼 휴대전화에 대한 의존도가 상당한 것으로 나타났다.

친구와 약속을 하고 만나기까지 적게는 세 번, 많게는 열 번까지 전화통화를 하는 것을 보면, 춘향이가 아무 연락도 없는 몽룡을 마냥 기다렸던 시절의 기다림과 애틋함은 이제 찾아볼 수 없는 박제가 되어 우리 곁을 영영 떠나 있는 것 같다.

휴대폰은 작은 컴퓨터라고 불릴 만큼 그 기능이 다양해지고 있어

생활필수품이자 사용자의 성향까지 대변해주는 아바타(분신)의 모습까지 가지고 있다. 전화는 물론 인터넷, 음악재생, 텔레비전 시청, 내비게이션 등 생활에 필요한 모든 것들이 그 손바닥만 한 것 속에 들어 있다. 휴대전화의 역사는 인터넷 사용의 역사와 거의 맞물려 있다. 특히 휴대전화의 사용이 일반화되자 전자상거래를 휴대전화에 적용하려는 많은 시도가 진행되어 왔다.

한때 휴대전화로 상품을 사서 친구들과 선물을 주고받는 것이 유행이었는데, 이 서비스는 사용자끼리 직접 통신을 해야 하는 번거로움이 있었다. 또한 상품 정보가 담긴 수신 메시지를 사용자가 실수로 삭제하면 발신자에게 요청하여 해당 메시지를 다시 전송받아야 했다. 또 상대방에게 메시지를 전송한 후에는 취소하기가 어렵고, 상대방에게 결제된 상품의 사용 조건을 지정하는 것이 불가능해서 여러 가지 불편한 문제가 많았다.

## 휴대전화로 전하는 사랑의 선물

이 발명품은 한 젊은이가 여자 친구의 휴대전화가 꺼져 있는 것도 모르고 휴대전화 메신저로 선물을 보냈다가, 12시간이 지나도록 친구가 메시지를 받지 못해 결국 메시지가 폐기되었던 경험을 살려 개발한 것이다.

그는 그날부터 머리를 싸매고 기존 서비스의 문제점을 파악했고, 고민에 고민을 거듭한 끝에 그 단점들을 한 번에 해치울 수 있는 방법을 찾아냈다. 그러나 막상 아이디어를 정리해서 상품화하자니 기계도 아닌데 특허출원을 할 수 있을까 하는 의문이 생겼다고 한다. 그러다가 우연히 발명품을 소개하는 텔레비전 프로그램을 보다가 용기를 내서 변리사 사무실을 찾았고, 충분히 비즈니스모델이 될 수 있다고 자신하는 변리사와 함께 특허출원을 진행하여 성공할 수 있었다.

그가 발명한 '휴대전화를 이용한 상품공동 이용방법'은 우선 공동계좌를 이용한다. 공동계좌는 쉽게 말해 휴대전화 안에 가상으로 만들어놓은 보물창고인데, 자신이 설정한 사람들은 이 보물창고로 들어올 수 있다. 가령 A가 휴대전화에 가족그룹을 설정하여 공동계좌에 상품을 담아놓으면 그룹에 있는 사람들은 언제든지 상품을 선택할 수 있다. 물론 결제는 A가 하고, 다른 사람도 공동계좌에 상품을 넣을 수 있다. 구체적인 예를 살펴보자.

### 메시지 도착 : 여보, 다혜야! 오늘 햄버거 어때?

남진우 씨는 햄버거 3개를 결제해서 공동계좌에 넣는다. 가족들에게 맛있게 먹으라고 메시지를 남기면, 공동계좌에 접속한 가족들이 그 메시지와 상품을 확인한다. 메시지를 받은 딸은 학원에 가기 전에 배가 고팠는데 잘됐다 싶어 가게에 가서 햄버거를 먹으며 아버지에게 메시지를 보낸다.

'아빠, 햄버거 잘 먹을게요. 아빠 짱이에요.'

딸의 메시지를 받고 흐뭇한 표정을 짓는 진우 씨, 그때 아내의 문자 메시지를 받고는 크게 웃어버린다.

'여보, 내가 어제 다이어트 한다고 말했잖아요! 내가 못살아! 다이어트 끝나면 먹을 테니 남겨놔요. 호호.'

한편 한승희 씨는 커피 5잔을 사서 친구그룹 공동계좌에 넣는다. 커피를 받은 한 친구는 공동계좌에 케이크를 넣으며 메시지를 띄운다.

'이거 승희 거야. 다들 눈독 들이지마.'

친구가 준 케이크를 보며 기뻐하던 승희 씨, 그런데 아뿔싸! 친구 이름과 중학교에 다니는 조카의 이름이 똑같아서 혼동했는지 조카가 친구그룹에 있었다. 승희 씨는 곧바로 조카가 커피를 못 마시도록 조치를 취한다.

이 발명품은 일정한 조건을 갖춘 사용자들이 공동계좌를 관리하는 상품공동이용시스템이므로 상품을 산 사람이

**특정인끼리만
파일 교환하는 소프트웨어**

정해진 사람들끼리만 파일을 교환할 수 있는 소프트웨어가 개발됐다. 이메일을 통해 초대받은 사람에 한해서 용량이 큰 음악, 영화, 사진 파일을 최대 30명 이내의 소규모 그룹 안에서만 스트리밍 방식으로 공유할 수 있다.

받는 사람과 직접 통신할 필요 없이 선물을 할 수 있다. 또한 선물을 받은 사람도 직접 통신할 필요 없이 선물한 상품을 받을 수 있다.

또한 상품을 결제하는 사람이나 사용하는 사람이 메시지를 남길 수 있고, 그 메시지를 자유롭게 열람할 수 있으므로 서로 친밀감과 애정을 키워나갈 수 있어서 사용자들의 많은 사랑을 받고 있다. 모바일 시대의 진면목을 보여주는 아이디어 상품이라고 할 수 있다.

**동원특허법률사무소 변리사**

**학 력**
고려대학교 경영대학 경영학과 졸업

**경 력**
제37회 변리사 시험 합격

한국지식재산연구원 상표법 강사
한국산업재산권법학회 회원

**저 서**
《상표법 케이스 문제집》, 《객관식 상표법(공제)》

**서희원** 변리사

# 치열함을 뛰어넘은 아이디어

# 4장

## 아이디어에 권리를 달자

당신은 지금 작은 아이디어라고 해서, 혹은 직접 판매에 나서기가 어렵다고 해서 당신의 아이디어를 잠재우고 있지는 않은가? 그렇다면 오늘부터 그런 생각을 버려라. 여기 숨 쉬는 바지의 발명자처럼 업체에 권리를 위임하고 로열티를 받는 사람들도 있다. 아이디어가 돈이 되는 세상이다. 당신의 작은 아이디어가 가장 강력한 경쟁력이라는 사실을 잊지 말자.

# 법을 알아야 아이디어가 산다

> **66** 우리가 불행한 것은 가진 것이 적어서가
> 아니라, 따뜻한 가슴을 잃어가기 때문이다. **99**
>
> 법정

## 적반하장도 유분수지!

어느 날 조 사장에게 경고장이 날아왔다. 조 사장이 자기의 디자인보호권을 침해했다고 주장하는 경고장이었다. 아닌 밤중에 홍두깨라고 그는 어안이 벙벙했다. 조 사장 자신이 가진 디자인보호권을 스스로 침해했다니!

당시는 1997년 IMF 외환위기 직후로 많은 사람들이 실직을 당하던 시기였기 때문에 적은 자본으로 할 수 있는 제과점이 인기였다. 그런데 조 사장이 등록한 상품이 제과점의 유리진열장에 사용되는 금속제 틀의 단면 형상이었으니, 어려운 시기에도 불구하고 그의 사업은 날로 호황을 누렸다. 사업이 날로 번창하자 함께 일하던 직원

154

들이 하나둘 독립을 해서 똑같은 모양의 유리진열장을 만들어 팔기 시작했다.

조 사장에게 날아온 경고장은 얼마 전까지만 해도 조 사장 밑에서 일하던 양 씨가 보낸 것이었다.

경고장의 내용은 조 사장의 유리진열대가 자신의 디자인권 4개를 침해하였으니 생산을 중단하고, 손해배상을 하라는 내용이었다. 즉시 이행하지 않으면 형사고소까지도 불사하겠다는 강압적인 내용도 있었다.

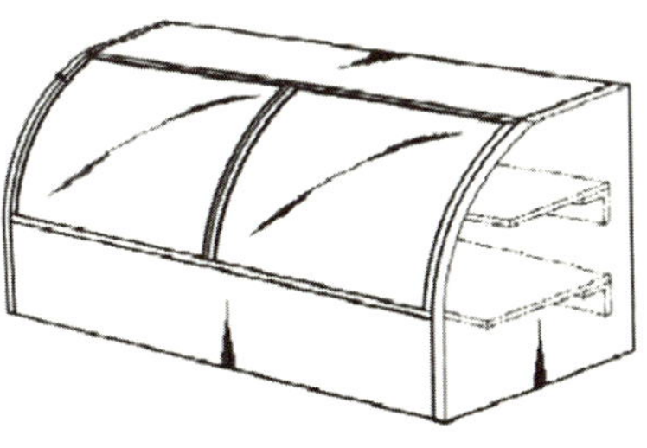

[제과점 유리진열장]

조 사장은 그 경고장을 들고 곧바로 필자에게 달려왔다. 필자는 조 사장이 말하는 사정 이야기를 충분히 듣고 그간의 여러 가지 정황을 살펴보았다. 직원이 독립하여 원래의 회사와 경쟁하는 일은 사업상 있을 수 있는 일이다. 하지만 다니던 회사에서 빼낸 기술을 이용해 지식재산권까지 등록하고, 역으로 회사를 공격하는 것은 흔하지 않은 일이었다. 더욱이 양 씨는 거래처를 돌아다니며 조 사장에 대한 험담과 모함을 일삼아 조 사장의 사업에 극심한 타격을 입힌 상태였다.

법을 떠나서 인간적으로 너무 괘씸하다는 생각이 들었다. 우리는 가능한 한 모든 대응방법을 강구하였다. 우선 상대방의 등록디자인을 무효화시키는 것이 가장 효과적이고 근본적인 해결책이라는 결론을 내리고 등록디자인 무효심판을 제기하였다. 이미 등록된 디자인이라고 해도 출원 당시 동일하거나 유사한 의장이 이미 존재했다는 것을 추후에 증명하면 등록이 무효가 될 수 있었다. 흔치 않은 경우이지만 이 사건도 그런 경우에 해당되었다.

그러나 현실적으로 심사관은 서류를 중심으로 심사하는 것이지, 산업계의 모든 물품을 일일이 찾아다니면서 심사를 하지 않기 때문에 이미 등록된 디자인권을 무효화한다는 것은 무척 어려운 일이었다. 우선 등록된 디자인과 동일한 수준의 디자인이 등록디자인보다 먼저 존재했다는 사실을 증명해야 했다. 하지만 그 일은 우리 실정에서 볼 때 지극히 어렵고 힘든 일이었다.

조 사장의 경우도 마찬가지였다. 그가 제출한 제품 카탈로그를 포함한 자료들은 상대방의 디자인을 무효화하기에 턱없이 부족했다. 카탈로그는 이미 등록된 디자인처럼 단면을 자세히 보여줄 뿐 날짜를 증명할 아무런 표시가 없었기 때문이다.

그러던 중, 유리진열장의 알루미늄 틀의 금형을 제작했던 회사가 있다는 얘기를 듣고 그 회사를 직접 찾아갔다. 인천에서도 한참 떨어진 변두리에 위치한 공

**얼음이 필요 없는
휴대용 냉장고**

얼음이 필요 없고, 휴대가 간편한 냉장고가 개발됐다. 휴대용 냉장고는 얼음 대신 작고 가벼운 열전소자를 사용해 박스 속의 온도를 냉각시키는 기술을 적용했다. 내부에 얼음을 넣어야 하는 아이스박스에 비해 부피가 작고 가벼워서 운반이 편리하다.

장이었는데 어렵사리 찾아간 그 공장에 마침 당시 금형 틀의 일부가 남아 있었다. 일부는 날짜가 선명히 새겨져 있었지만 다른 것들은 비슷한 시기에 만들어졌는데도 날짜가 없었다. 필자는 이 금형 틀의 사진을 찍어서 무효심판의 증거자료로 제출했다. 만일 심판부가 사진을 증거자료로 인정해주지 않으면 실제 금형 틀을 심판부에 제출할 생각으로 반출허가까지 받아두었다.

## 그래도 정의는 살아 있다!

심판부는 날짜가 있는 금형의 경우 날짜를 고려하여 등록디자인과 금형간의 유사성을 인정했고 결국 등록무효를 선언했다. 날짜가 없는 금형 틀도 세금계산서와 거래명세표 등의 보조자료를 제출하여 사실상 날짜를 증명했다. 이제 양 씨가 권리를 행사할 수 있는 근거는 모두 사라진 셈이었다.

우리는 훔친 디자인의 권리행사를 중단하고, 상도덕에 어긋나는 비신사적인 행위를 그만두라고 양 씨에게 경고했다. 유리진열장 시장은 규모가 작아서 생산자와 도매상이 서로 모르는 사람이 없었는데, 막상 그 소문이 퍼지자 조 사장에게 등을 돌렸던 사람들이 먼저 찾아와 위로를 해주며 다시 거래를 하자고 말했다. 이제는 양 씨에게 설 자리가 없어진 것이다.

결과는 기대 이상이었다. 양 씨는 급기야 백기를 들고 손해배상금 3천만 원을 지급했을 뿐만 아니라, 더 이상 업계에서 사업을 계속하기 곤란하다고 판단했는지 생산설비마저 조 사장한테 넘기고 사업에서 완전히 손을 뗐다.

조 사장은 얼마 후 시장점유율을 다시 회복하여 현재까지 사업을 잘 끌어나가고 있다. 이제 맛있는 빵을 더욱 맛있게 보여주는 진열장을 보면 조 사장의 노고가 생각날 것 같다.

법을 알면 아이디어가 살아나고 자신의 권리도 지킬 수 있다. 자신의 아이디어를 끌어내고 상용화하는 것도 중요하지만, 다른 사람이 자신의 아이디어를 침해할 수 없도록 보호하는 것도 발명자가 가져야 할 중요한 태도이다.

베리타스국제특허법률사무소 대표 변리사

학 력
서울대학교 공과대학 제어계측공학과 졸업
한국과학기술원 전기및전자공학과 졸업
Franklin Pierce Law Center 지적재산권법 석사과정 졸업

이철희 변리사

경 력
제33회 변리사 시험 합격
KT 연구개발원 전임연구원
TTA 지적재산권 자문변리사
WiBro 표준화 그룹 지적재산권 특별반 의장
고려대학교, 인천대학교 등 출강

저 서
《e-변리사의 특허이야기》

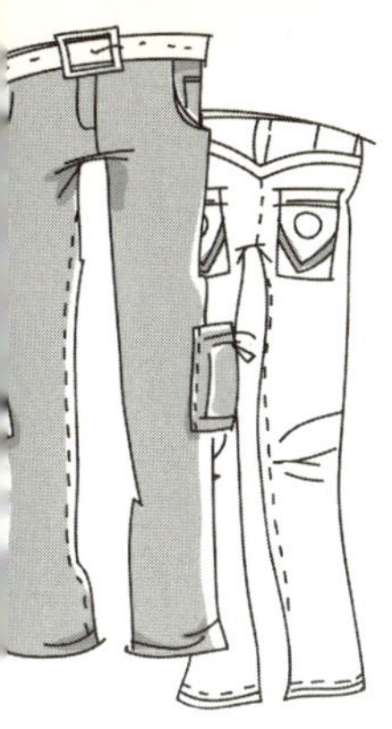

# 아이디어는 로열티를 보장해주지 않는다



## 당신의 허리에도 비밀이 있는가?

명나라의 지배계층을 의미하는 '신사'에서 '신'은 허리띠, '샤'는 존경의 대상을 뜻한다. 이는 높은 학식을 갖춘 사람이나 관리들이 허리띠를 착용했기 때문에 지어진 이름이라고 한다. 또 신라 왕의 무덤에서 발굴된 허리띠에는 주인을 확인할 수 있는 단서가 적혀 있고, 무게 또한 자그마치 4킬로그램에 달한다고 한다. 이렇게 과거에 허리띠가 그 사람의 신분을 상징하는 데 사용됐다면, 현대에는 바지가 흘러내지 않게 하는 도구로, 최근에는 하나의 패션 아이템으로 쓰이고 있다.

지금 필자가 입고 있는 바지에도 허리띠가 있는데 최근 살이 빠졌는지 허리띠를 해도 바지가 몸에 잘 맞지 않아 엉거주춤한 모습이어

서 옷의 맵시가 살지 않는다. 하지만 허리띠가 없으면 바지가 흘러
내려서 입을 수 없으니 안 할 수도 없다. 물론 딱 맞는 바지를 입거
나, 조금 헐렁한 바지라도 허리 살이나 뱃살을 이용해 버티는 경우
라면 허리띠가 없어도 되겠지만 …….

어떤 사람은 허리띠가 답답하다면서 고무줄로 된 바지를 입는가
하면, 식사를 할 때 아예 허리띠를 풀어놓고 있어 보기에 민망할 때
도 있다. 필자도 집에서 고무줄로 된 바지를 입고 있지만, 외출할 때
는 어김없이 허리띠를 매야 하는 번거로움을 감수해야 한다.

'숨 쉬는 바지'의 발명자 역시 평소에 두둑한 뱃살 때문에 불편을
무릅쓰고 항상 양복을 입어야 했으니, 그 답답함은 말하지 않아도
다들 알 것이다. 그는 '어떻게 하면 폼이 나면서도 신축적으로 허리
조절이 가능한 바지를 만들 수 있을까' 하고 고민한 끝에 이 바지를
개발했다고 한다.

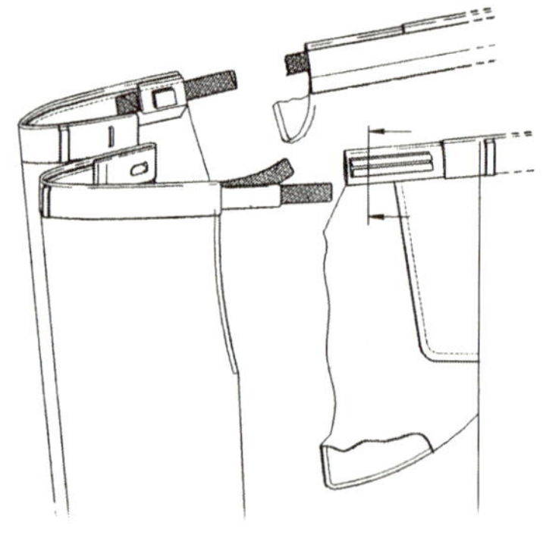

[숨 쉬는 바지]

이 바지는 두 개의 신축부재의 탄
성이 숨을 쉴 때마다 허리둘레에 맞
춰 늘어나거나 줄어들어 바지가 흘
러내리는 것을 방지한다. 또한 신축
부재가 안쪽으로 숨어 있어 일반 고
무줄 허리띠와는 달리 겉으로는 말
끔한 디자인을 유지할 수 있어 소위

'폼나는' 외출용 바지로 손색이 없다. 한마디로 활동하기도 편하고 따로 격식을 차릴 일도 없어서 효과 만점이다.

그러나 발명자는 숨 쉬는 바지를 직접 상품으로 제작하여 판매하지 못했다. 사업자금이 부담이 되어 아예 국내 유명의류업체에 특허권리를 위임해서 그 대가로 로열티를 받고 있다. 그는 한 벌 단위로 로열티를 받았는데, 이 기술을 적용하여 생산된 바지만도 매년 수십만 벌이 넘는다니 총 로열티 수입은 독자들의 상상에 맡기도록 하겠다.

## 아이디어는 끊임없이 진화한다

그런데 어느 날 유명의류업체 I사에서 기존의 특허와 다른 방향으로 변형설계(이를 보통 '회피설계'라고 함)한 발명품을 제시하면서, '숨 쉬는 바지'에 대한 로열티를 지불하지 않는 방법에 대해 자문을 요청했다.

이 업체 역시 '숨 쉬는 바지'에 대한 실용신안권자(발명자)에게 로열티를 지불하면서 몇 년 동안 교복바지를 생산했는데, 발명자에게 점점 더 많은 로열티를 지불하게 되자 다른 형태의 숨 쉬

### 억만장자 Tip

유방암 진단용
전기 브래지어

전기적 펄스를 발생시켜 여성의 유방암 부위를 판별할 수 있는 유방암 진단용 브래지어가 발명됐다. 기기를 통해 극소의 전류를 유방에 흐르게 한 뒤에 정상 유방 조직과 종양 조직에서 다르게 전달되는 전류 형태의 차이로 판별한다.

는 바지를 개발한 것이다.

필자는 먼저 실용신안의 권리범위를 분석했는데, 경험상 이런 경우 권리범위를 벗어나기가 상당히 어려웠다. 그런데 생각보다 쉽게 '숨 쉬는 바지'의 허점을 찾아냈다. 이 실용신안의 권리범위는 아이디어를 너무 구체적으로 기술한 나머지 매우 좁은 범위로 청구되어 있었다. 즉, 발명을 상세히 기술하는 데만 신경을 쓴 나머지 그 권리범위를 명확히 기재하지 않아서 독점권을 주장할 수 없는 상태였다.

참고로 말하자면, 아무리 좋은 아이디어라도 특허나 실용신안으로 출원하려면 발명 내용을 상세하게 기술할 뿐만 아니라 권리범위 또한 충분히 확보해야 한다. 그렇지 않으면 권리로 인정된 부분에 대해서만 권리를 행사할 수 있어 나중에 불이익을 당할 수 있다.

필자는 원조(?) 숨 쉬는 바지와 I사에서 변형한 제품을 놓고 회피설계 분석을 시작했다. 우선 바지의 허릿단 부분을 하나하나 해체하면서 '숨 쉬는 바지'의 기능은 유지하면서도 실용신안의 권리범위를 벗어날 수 있는 허릿단 구조에 대해 연구했다.

그 결과 I사 바지의 허릿단 겉감 중 내부 겉감을 제거하고, 단순히 신축부재를 연결하는 방식으로 구성하면 실용신안의 권리범위를 벗어날 수 있다고 판단했다. I사는 분석결과를 바탕으로 새로운 '숨 쉬는 바지'를 생산하고 있으며, 더 이상 로열티를 지불하지 않게 되었다.

허리를 조절할 수 있는 바지는 현재 임부복, 스커트, 유니폼(교복,

162

상복, 기타 단체복) 등 다양한 아이템에 적용되고 있다.

당신은 지금 작은 아이디어라고 해서, 혹은 직접 판매에 나서기가 어렵다고 해서 당신의 아이디어를 잠재우고 있지는 않은가? 그렇다면 오늘부터 그런 생각을 버려라. 여기 숨 쉬는 바지의 발명자처럼 업체에 권리를 위임하고 로열티를 받는 사람들도 있다. 아이디어가 돈이 되는 세상이다. 당신의 작은 아이디어가 가장 강력한 경쟁력이라는 사실을 잊지 말자.

단, 새로운 아이디어로 돈을 벌 수는 있지만, 권리범위를 확보하지 못하면 권리행사를 할 때 제한적이다. 예를 들어 설계를 엉망으로 해서 부실한 집을 지었다면 그 집은 쉽게 무너지고 자기 집이라고 주장할 수 있는 크기도 제한된다. 하여, 필자는 오늘도 고객의 아이디어를 보다 튼튼한 권리로 확보해주기 위하여 튼튼한 집을 설계중이다.

별국제특허법률사무소 대표변리사

　력
익대학교 공과대학 금속재료공학과 졸업
려대학교 공학대학원(전자컴퓨터전공) 공학석사

경　력
제39회 변리사 시험 합격
신화국제특허법률사무소 변리사
명지대학 외래교수
한국기술벤처재단 고문변리사
IT기업연합회 자문위원
한국지적재산연구원 특허법 강사

정상규 변리사

# 친환경 아이디어로 부자가 돼라

> **❝** 우(禹)임금이 치수(治水) 하느라고 천하를 돌아다녔는데
> 자기 집 앞을 세 번 지나면서도 들어가지 않았다. **❞**
>
> 사마천

## 자연의 섭리를 이용한 친환경 아이디어

우리 조상들의 풍수(바람을 막고 물을 얻음), 배산임수(산을 뒤로 하고 물을 바라봄), 전저후고(앞쪽은 낮고 뒤쪽은 높음)의 기본 원칙은 자연을 거스르지 않고 더불어 살고자 노력했던 그들의 마음이 그대로 반영된 삶의 지혜였다. 그들은 인간을 받아주는 고마운 존재인 자연을 해치면 큰 벌을 받게 될 것이라고 생각했다. 이렇게 자연에 대한 경외심을 가졌던 과거와 달리 오늘날 우리는 자연을 어떻게 대하고 있는가?

오히려 무절제한 개발로 자연을 파괴하고 환경을 오염시킨 탓에 지구온난화나 엘니뇨현상 등으로 자연재해의 규모가 커지고 귀중한

164

녹지대가 급속히 소멸되고 있는 실정이다. 이상기후는 이미 오래 전에 시작되었으며, 몇 천 마리의 철새들이 피를 흘리며 죽어나간다. 사람 또한 한편에서는 홍수 때문에 죽는데, 다른 한편에서는 물이 부족하여 매일매일 1시간씩 걸어가서 물을 길어 온다.

자연은 지금도 우리를 향해 너그러운 손짓을 보내고 있지만, 타임머신을 타고 자연을 과거로 돌리는 것은 불가능한 일이다. 다만 인간이 할 수 있는 최소한의 실천으로 60억 인류가 자연과 더불어 살 수 있는 길을 모색해야 한다. 이에 세계적으로 자연친화적인 움직임이 다양하게 일고 있는 가운데 친환경 토낭백이 단연 눈길을 끈다.

토목사업을 해오던 ㈜다인엔비텍의 사장은 자연재해를 막을 수 있는 가장 확실한 방법은 자연의 섭리를 따르는 것임을 깨닫고, 친환경 식생대를 위한 토낭(土囊, 흙을 채운 부대자루)에 대해 연구하기 시작했다. 과거에는 도로의 절토사면(비탈면)과 하천제방에 콘크리트벽이나 철망 구조물을 설치했는데, 이러한 인위적 구조물은 식물의 식생을 방해하여 홍수를 조절하는 기능이 없으므로 추후에 더 큰 재앙을 불러올 수 있었다. 이러한 사실을 깨달은 발명자는 신녹화공법의 제품인 '토낭백'을 발명했다.

# 자연을 지키는 우리는 천하무적 토낭백!

중국 역사상 가장 평화로운 시대라고 일컫는 요순시대에도 대홍수가 일어나 사람들이 많이 죽었다. 당시 관리였던 우(禹)는 13년간의 노력으로 황하의 범람을 막고 훌륭히 치수사업을 펼쳤는데, 이에 감동한 순(舜)임금은 자신의 아들이 아닌 우에게 왕의 자리를 넘겨주었다.

이처럼 치수는 국가의 지도자를 바꾸고 인류의 존망을 가름하는 시금석이었다. 그러나 현대의 치수정책은 과거와 달리 자연을 파괴하는 형태로 진행되고 있어, 인간과 생물이 어우러질 수 있는 친환경적인 치수정책이 절실한 상태이다.

토낭백은 하천제방이나 도로의 절토사면에 흙을 담아 쌓는 자루로 수해나 산불 등 재해를 입은 지역에서 진가를 발휘한다. 홍수로 유실된 제방이나 산사태로 무너져내린 도로 경사면에 시공을 하는데, 시공 후 한 달 이내에 식물 씨앗이 발아하여 빗물이나 하천에 비탈면의 토사가 씻겨 내려가는 것을 방지하고, 식물의 뿌리가 땅속 깊이 성장하므로 비탈면 붕괴도 막아준다.

## 억만장자

### 엽록소 배터리

10초만 물에 대면 충전이 가능한 친환경 엽록소 배터리가 발명됐다. 배터리에 전력이 없을 때 콜라, 맥주, 심지어 오줌 등의 액체만 있어도 어디에서든지 충전이 가능하다. 쓰고 난 건전지를 그냥 버려도 환경에 해가 되지 않는 친환경 건전지이다.

또한 토낭백의 식생시트는 수분을 충분히 흡수할 수 있는 부직포로 되어 있어서 식물씨앗이 발아하기 좋은 환경을 만들어주고, 발아된 후에는 식생시트의 격자공간에 씨앗과 함께 비료를 두어 식물의 성장을 도와준다.

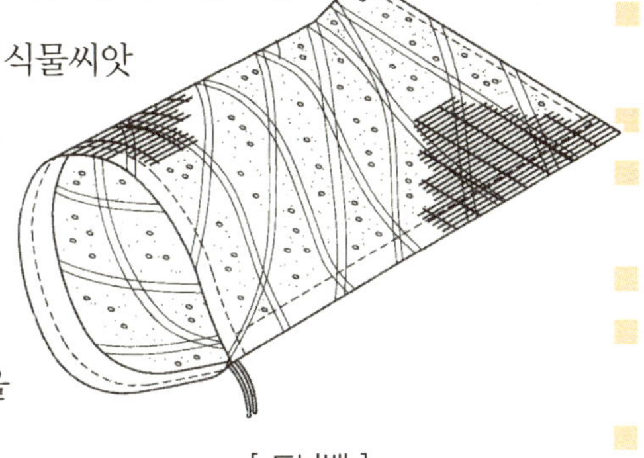

[ 토낭백 ]

과거에 쓰인 콘크리트 블록은 빗물을 흡수하여 홍수를 조절하는 기능이 없지만, 친환경 식생대는 홍수조절기능도 있고, 식물씨앗을 꽃으로 하면 그 주변을 꽃밭으로 꾸밀 수 있어 미관상으로도 매우 훌륭하다.

누가 뭐래도 토낭백의 진가는 천연 황마사로 만든 부대자루이다. 이 자루는 천연 황마사 재질로 토양 속에서 자연적으로 분해되어 비료 역할까시 하는 친환경 제품이다. 또한 종지와 비료도 함께 넣기 때문에 발아를 유도하는 효과는 물론 식물의 성장속도가 놀랄 정도로 빠르다.

## 잘 만든다고 끝이 아니다. 권리를 찾아라!

다인엔비텍의 사장은 오래전부터 친환경 식생대에 대해 꾸준히 연구했지만, 물건만 잘 만들면 사업이 잘 될 거라고 생각하고 특허출원을 하지 않았다. 그 결과 기술의 우수성을 인정받아 사업이 잘 되자 경쟁사들이 유사제품을 만들어 낮은 가격으로 판매를 하기 시작했다. 뒤늦게 발명자는 특허권 획득의 중요성을 깨닫고, 토낭백은 물론 새로 개발한 신규 아이템을 모두 특허출원하여 지식재산권으로 보호받아 다행히 큰 피해는 막을 수 있었다.

이렇게 다른 사람(회사)의 아이디어를 모방해서 먼저 출원을 하는 경우가 최근 많아지고 있다. 보통 중소기업 사장의 경우 '이런 게 특허가 되나' 하고 가볍게 생각하는 경향이 있는데, 그러면 귀중한 아이디어가 다른 사람의 손에 들어가거나 영원히 사장될 위험이 있다.

21세기는 기술력도 중요하지만 지식재산권으로 보호받을 수 있도록 하는 것이 더욱 중요하다. 따라서 특허권 획득의 중요성을 잘 알고 자신의 아이디어를 지켜야 한다. '돈 되는 아이디어'를 갖고만 있으면 무슨 소용이겠는가? 철저한 기술분석과 시장조사로 '돈 벌어 주는 아이디어'로 실현시키고 지킬 줄 알아야 한다.

**한양특허법인 변리사**

학 력
고려대학교 금속공학과 졸업
서울대학교 금속공학과 석사

경 력
현대자동차 엔진&트랜스미션 연구소 변리사
2003년 변리사 자격취득
고려대학교 경영정보공학과 강사
국제지식재산연수원 강사
발명진흥회 외부평가위원
부품소재진흥원 기술개발지원업체선정 심사위원

**배성렬** 변리사

# 내가 디자인하는 세상

> 66 아름다운 것이 유용하다. 아름다움은
> 인간의 생활방식과 사고방식을 개선할 수 있다. 99
>
> 안나 페리에리(Anna Ferrieri)

## 등록디자인도 특허인가요?

디자인의 시작은 인류의 기원과 함께 시작되었다고 할 만큼 그 역사와 깊이가 오래 되었으며, 기술의 발전과 문명의 성장은 디자인을 한층 더 발선시켰다.

요즘 서울 시내를 나가면 못 보던 조형물들이 눈길을 끌고, 새로 짓는 건물들의 멋스러움에 잠시 걸음을 멈추기도 한다. 최근 한국(서울)은 도시의 환경을 재창조하고 재활성화하는 데 사람들의 적극적인 관심을 이끌어내고자 마련한 세계디자인수도(2010년)의 영예를 안고, 이를 필두로 해서 사회, 경제, 문화 등에서 다양한 디자인 활용이 붐처럼 일어나고 있다. 얼굴도 디자인하고 화장실도 디자인하고, 길바

닥까지 디자인하는 세상이 왔다. 하지만 진정한 디자이너는 생각을 디자인하는 사람들, 바로 이 책에서 만나는 발명자들의 또 다른 이름이 아닌가 한다.

이런 사회적 움직임에 일조라도 하듯 필자가 요즘 유난히 많이 받고 있는 질문이 있다.

"등록디자인도 특허인가요?"

당연히 디자인도 특허를 받을 수 있다. 등록된 디자인은 등록권자만 독점할 수 있도록 보호해주고 있으며, 이는 자유경쟁을 기본으로 하는 자본주의 시장에서 독점을 허락받는다는 의미이다.

미국의 경우 '디자인특허'라고 하여 특허법으로 디자인을 보호하고 있고, 우리나라에서도 '디자인보호법'이라는 별개의 법이 있는데, 이것은 용어의 차이만 있을 뿐, 특허로 보호받는다는 점에서 같다.

물론 아무 디자인이나 등록디자인으로 등록을 받을 수 있는 것은 아니다. 특허와 마찬가지로 새로워야 하고 이미 알려진 디자인과는 다른 창의성이 있어야 한다. 그렇다고 두려워할 필요는 없다. 대법원의 판결이 '종전의 디자인과 다르면 된다'고 해석하고 있는 것을 보면 '등록디자인'으로 등록을 받는 것은 그리 어려운 일이 아니다.

그래서 등록디자인으로 인정할 수 있는지 결정하는 심사관은 그 디자인의 창작성을 판단할 뿐 그 수준이 얼마나 높은지는 판단하지 않는다. 물론 기존의 디자인을 단순히 결합한 정도라든가 아주 흔한 모양 따위는 물어보나마나 심사에서 떨어진다.

그렇다면 디자인은 어느 범위까지 등록이 될까? 그 범위는 대단히 넓다. 물품과 결합된 것이면 거의 모든 디자인이 등록대상이 된다. 조금은 의아하게 들리겠지만 '물품과 결합되어야 한다' 는 말은 '물품이 다르면 디자인도 다르다' 는 논리가 성립되어 디자인은 똑같은데 서로 다른 물품을 결합해서 등록하는 경우가 적잖이 발생한다. 이것은 법의 허점(?)일 수도 있겠다.

## 물품이 다르면 디자인도 다르다?

'물품이 다르면 디자인도 다르다' 라는 원칙이 적용된 사례에 대해 살펴보자.

초년 변리사 시절, 필자는 거북선 모양의 가습기를 개발한 의뢰인을 만났는데 생각이 아주 기발했다. 거북선의 배 부분에 가습장치를 넣어 입과 옆 총구에서 수증기가 나오고, 여의주처럼 물고 있는 빨간 조명등과 옆 총구의 파란 조명등이 반짝거리는 멋있는 가습기였다. 이 가습기는 조명등으로써도 그 기능이 아주 탁월했는데, 특히 밤에 거북선 입에서 나오는 붉은 화염과 옆 총구에서 나오는 파란색 불빛이 반짝이면 내 집 거실이 노량 앞바다처럼 보일 정도로 아름다웠다.

거북선 모양을 실제 원형에 가깝게 설계한 것이라서 모방 제품이라고 거절되지 않을까 걱정했지만 다행히 등록에 성공했다. 또 거북선 모양의 조립식 가옥이나 강변카페도 등록되어 있었다.

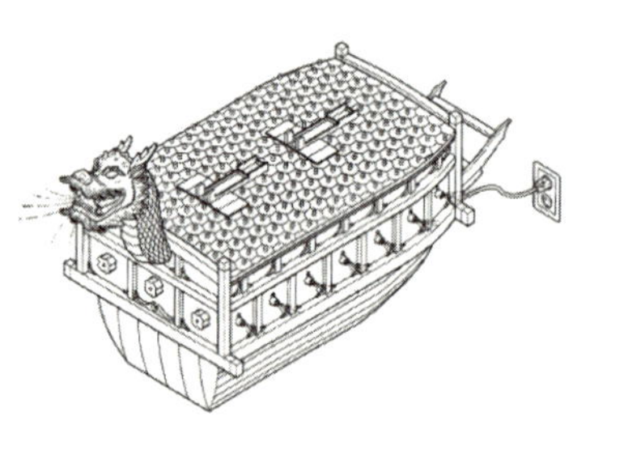

[거북선 가습기]

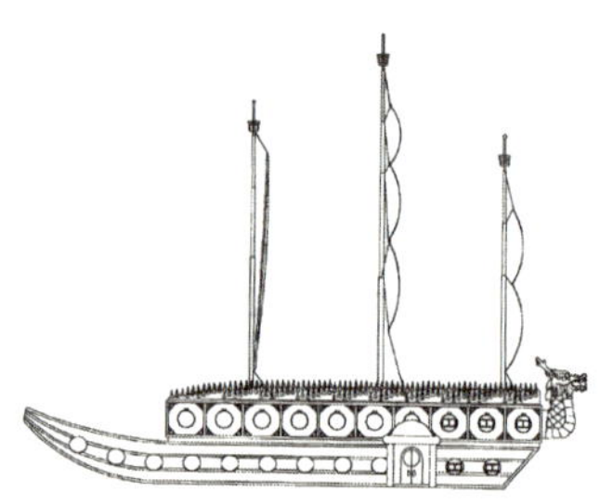

[거북선 모양의 강변카페]

참고로 말하면 디자인을 상표등록까지 해둔다면 디자인보호 기간(등록일로부터 15년)이 지나도 상표갱신등록을 하여 영원히 독점할 수 있다. 또 프랜차이즈사업을 한다면 디자인은 물론 상표권 라이선싱까지 가능하다.

## 새로운 것은 모두 보호되는 시대

우리나라 디자인보호법은 디자인이 주는 의미나 내용이 일반인

172

의 도덕관념에 어긋나거나 공공의 질서를 해칠 우려가 있는 경우 법으로 보호해주지 않는다. 하지만 도덕관념도 시대에 따라 달라지는 법! 여성의 몸을 형상화해서 만든 귀이개를 비롯해 예전 같으면 불가능했던 물건들이 특허가 되고 있다. 경주국립박물관에 가면 남녀의 성행위 모습을 빚어놓은 토우가 있는데, 신라의 아낙네들이 머리에 이고 다니던 물동이에 그 토우를 장식처럼 붙였다고 한다. 지금도 그런 그릇이 있다면 특허가 될까? 독자들의 상상에 맡기겠다.

또한 물품의 기능 확보에 꼭 필요한 형상은 디자인등록을 받을 수 없다. 필자가 자문했던 사례를 들어보면, 다섯 개의 중소기업들이 '자동차 앞 유리' 디자인과 관련해 대기업 자동차회사에서 보낸 침해중지 경고장에 맞서 자신들의 운명을 설고 나둔 사건이 있었디. 그들이 만약 이 사건에서 패소했다면 새로운 차가 나와도 15년을 기다려 등록디자인권이 소멸된 후에 유리를 만들어 팔아야 했을 것이다. 그리고 그 유리에 맞는 자동차는 이미 도로 위에서 자취를 감춘 뒤일 것이다.

**폴더형 샤워기**

한 손으로 수량 조절이 가능한 샤워기가 발명됐다. 폴더 각도에 따라 수량 조절이 가능해서 아이들이 혼자서도 샤워를 할 수 있다. 이제는 부모가 샤워기와 수도꼭지를 번갈아 잡고 조절하지 않아도 된다.

다시 말해 이 경우 자동차에 꼭 필요한 앞 유리는 디자인등록을 할 수 없기 때문에 중소기업들은 특허를 침해하지 않은 것이었다. 필자의 사무실 사정상 자문 정도만 했지만, 사건에서 승소하자 의뢰인들은 뛸 듯이 기뻐했고 필자도 변리사로서 큰 보람을 느꼈다.

## 내가 쓴 글씨도 디자인이 될 수 있다고?

그렇다면 '요리 디자인'도 등록이 가능할까? 가능하다. 얇게 회를 떠놓고 멋지게 꽃장식을 한 요리, 색다른 형태로 만든 김밥 등 등록디자인이 된 요리가 수없이 많다.

뿐만 아니라 글자체도 등록디자인이 될 수 있다. 최근 영화포스터나 책 제목 등에 쓰이는 캘리그래피의 경우 단순한 손글씨가 아닌 조형적인 예술품으로 인정받고 있는데, 인쇄활자나 글꼴 폰트로 사용하기 위해 한 벌로 만든 글자체(typeface, 타입페이스)의 경우 저작권으로 보호되지 않고 디자인으로 등록된다.

또한 개인 홈페이지를 예쁘고 개성 있게 꾸미기 위해 새로운 글자체가 많이 뜨고 있어서 그런지 출원도 부쩍 늘고 있는 추세이다. 글자체의 경우 포털업체를 통해 수많은 네티즌들에게 판매할 수 있으니, 자기의 글자체에 특색이 있다면 한번 도전해보는 것도 좋겠다. 생각보다 등록된 것이 많지 않아서 의외의 성과가 당신을 기다리고 있을지도 모른다.

이 그림은 등록시에 '유사11'이라는 표시를 넣었는데, 이는 기본 디자인 외에 11번째 유사디자인이라는 것을 의미한다. 다른 사람이 유사하게 변경해서 사용하면 권리범위에 포함 여부를 두고 분쟁이 길어질 것에 대비해서 유사디자인으로 등록을 받은 사례이다.

자, 인간이 만든 새로운 모든 것들은 모두 지식재산권으로 보호된다는 사실을 잊지 마시라!



[ 글자체 디자인
30-442534 유사 11 ]


오름국제특허법률사무소 변리사

학 력
국민대 중문과 졸업
경희대 국제법무대학원 과정중

경 력
평화방송 사회부 기자
제34회 변리사 시험 합격
특허법인세신 파트너 변리사
사단법인한국저작권법학회 감사

전광출 변리사

# 솔직한 비즈니스가 이긴다



다니엘 스턴(Daniel Stern)


## 변리사님, 감정서를 써주십시오!

몇 년 전, 자동차 부품을 생산하는 KS정공㈜의 사장이 필자를 찾아와 대뜸 이렇게 말했다.

"변리사님, 저희가 만든 백미러가 미국특허를 침해하지 않는다는 취지로 감정서를 써주십시오."

자초지종을 들어보니 해외시장을 개척하기 위해 미국 TE자동차사와 대형트레일러에 사용되는 백미러를 공급하게 되었는데 특허권에 문제가 생겨 찾아온 것이었다. 바로 기존 백미러에 걸려 있는 미국내 특허권 문제를 해결해야 납품을 허가하겠다는 거래 조건 때문이었다.

당시 미국의 백미러시장은 미국 MB컴퍼니가 백미러 관련 특허를 대

176

부분 보유하고 있었기 때문에 납품가 인하를 전혀 고려하지 않았다. 그래서 미국 TE자동차는 원가 경쟁력을 확보하기 위해 한국 부품회사에 오더를 주되 백미러의 특허침해 문제는 알아서 해결하라는 식이었다.

KS정공의 엔지니어들은 나름대로 고민한 끝에 미국특허를 회피할 수 있도록 미러헤드를 개량한 설계도를 가지고 필자를 찾아왔다. 그러나 그들이 보여준 백미러의 설계도는 미국 MB컴퍼니와 동일했고, 다만, 타이바(사이드 미러의 윗판과 아랫판을 잡아주는 역할을 하는 기둥)를 사각형이 아니라 육각형과 팔각형으로 한다는 점만 달랐다. 그들은 타이바의 모양만 변경하면 미국특허를 침해하지 않을 거라고 생각한 모양이었다. 하지만 특허권의 내용이 '각이 진 타이바를 같은 모양의 소켓으로 비틀리지 않게 꽉 잡아준다' 는 데 있기 때문에 그 형상이 달라도 특허침해에 해당되었다.

필자는 할 수 없이 이같은 내용으로 감정서를 작성해서 KS정공에 보냈다.

예상대로 사장이 항의를 해왔지만, 문제점을 지적하고 다른 대안을 제시하는 것이 더 설득력이 있을 것이라고 말했더니 금세 수긍하며 방법을 알려달라고 했다. 필자는 곧 회사를 찾아가 백미러를 제조하는 설비를 살펴보고 엔지니

**억만장자** TIP

### 스마트키

인공지능 시스템 스마트키가 발명됐다. 자동차 시동장치의 양방향 통신이 가능한 센서를 몸에 지니기만 해도 시동을 걸거나, 문이나 트렁크를 열 수 있다. 또 열쇠를 가지고 차량에 접근하면 도어잠금 및 도난방지 시스템이 자동으로 해제된다.

어들과 토론을 시작했다.

## 미국특허에 대한 회피설계건

미국특허의 회피설계를 연구하면서 가장 신경을 쓴 부분은 미러헤드의 겉모습을 변형시키지 않는 것이었다. 우선 원기둥형 타이바를 그대로 쓰면 육각형이나 팔각형으로 바꾸는 비용이 줄어들어서 좋다. 그리고 보통 원기둥형 타이바를 쓰는데, 한쪽 백미러만 교체할 경우 짝짝이 백미러를 살 사람은 아무도 없기 때문에 굳이 변형시킬 필요가 없었다.

그래서 필자는 백미러 내부에서 백미러가 뒤틀리지 않게 하는 중요 부품인 타이바와 소켓을 주개선 대상으로 했다. KS정공의 엔지니어들은 단순히 타이바의 모양만 변경하면 특허침해를 피할 수 있다고 생각했지만 생각을 조금만 달리하면 해결책은 얼마든지 있었다.

이 경우에는 타이바의 단면 모양을 생각할 게 아니라 타이바의 바닥면을 살펴볼 필요가 있다. 즉, 타이바 기둥의 측면을 잡아주는 미국 MB컴퍼니와는 다르게, 타이바의 바닥 부분을 움직이지 못하게 잡아주도록 설계하는 것이다.

그리고 개선된 미러헤드가 대량으로 생산할 수 있는 작업공정을 적용할 수 있는지, 생산비용은 저렴한지 등을 살펴보았다. 아무리 좋은 회피설계라고 하더라도 제작이 불가능하거나 제작하는 데 원가가 너무 많이 들면 회사 입장에서 아무런 소용이 없기 때문이다.

그리고 회피설계를 한 것이 기존의 백미러보다 기능이 떨어지면 미국 TE자동차가 구매를 하지 않을 수도 있으니 미국특허를 받은 미러헤드처럼 우수한 기능을 갖추도록 개발했다.

KS정공은 이러한 조건을 기준으로 TE자동차에 다음과 같은 회피 설계안을 제시했다. 그리고 얼마 후 KS정공은 백미러를 만들어 미국 회사에 보냈으며 장기계약이라는 쾌거를 이뤘다.

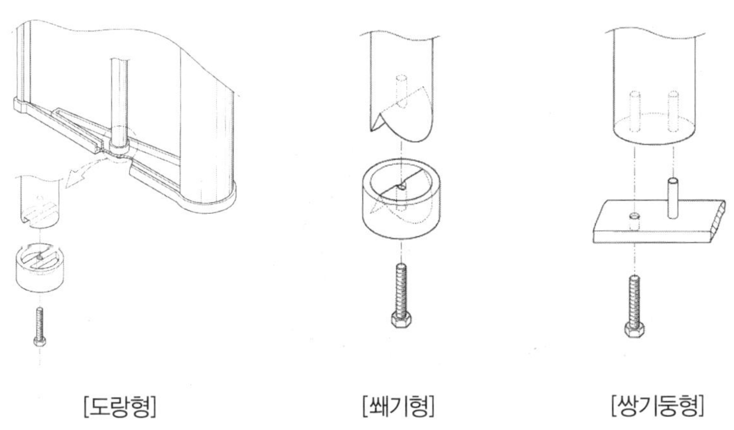

## 다르게 보면 새로운 생각이 보인다

이 회사는 처음에 자신들이 가져온 회피설계안을 특허침해에 해당한다고 말했던 필자를 원망했다. 대안을 찾기 위해 고민하는 의중도 모른 채 말이다. 생각하는 것보다 더 큰 것을 얻기 위해서는 조금 다른 시각에서 대상에게 다가가려는 의지가 필요하다.

다음 그림을 보면 당신은 무슨 생각이 드는가? 혹시 나이든 노인이 젊은 여인의 젖을 먹고 있는 모습을 보고 그를 경멸하고 있지는 않는가?

[루벤스 〈시몬과 페로〉]

이 그림은 루벤스의 〈시몬과 페로〉이다. 그림에서 보이는 늙은 남자는 시몬이고 여자는 그의 딸 페로이다.

시몬은 처형될 날만을 기다리는 나이든 수감수로 처형될 때까지 아무것도 먹지 못하도록 되어 있었다.

이를 안타깝게 여긴 페로가 감방에 들어가 아버지에게 자신의 젖을 먹이고 있는 것이다. 여기서 우리는 아버지에 대한 그녀의 무한한

180

헌신과 사랑을 느낄 수 있다.

이렇게 조금만 다르게, 조금만 더 깊이 들여다보면 우리가 생각하는 것보다 훨씬 더 많은 것을 얻을 수 있다.


오미특허법인 파트너 변리사

학 력
원대학교 공과대학 재료공학과 졸업
원대학교 대학원 재료공학과 졸업

경 력
요업기술원 연구원
제32회 변리사 시험 합격
아시아변리사회 한국협회 홍보이사
지식경제부 무역위원회 지식재산권 자문위원
대한변리사회 공보이사
아시아변리사회 한국협회 법제이사

오원석 변리사

# 뚝심과 전략으로
# 특허공세를 넘어서다



## 텃세는 외국에도 있다?

동물원에 새로운 동물이 오면 철창을 사이에 두고 서로 얼굴을 익히는 시간을 준다고 한다. 동물 중에 의외로 텃세가 심한 동물이 토끼인데, 얼굴을 익힐 시간을 충분히 주고 이쯤이면 됐다 싶어 새로운 토끼를 무리 안에 넣고 아침에 가보면, 그 토끼는 털이 한 움큼이나 빠진 채 한쪽 구석에 처박혀 있다고 한다. 이렇게 살아 있는 모든 것은 텃세를 부린다. 식물도 다른 식물이 뿌리를 내리지 못하게 방해하고, 어떤 동물은 자식이라도 자기 영역에 들어오면 이를 침입이라고 생각하고 공격을 한다. 그렇다면 사람은?

가정을 이루고 아이를 낳는 것, 터에 대한 욕심 등 지구상에 살아 있는 생명체 중에 인간만큼 텃세가 심한 생명이 또 있을까? 그러나 정상적인 텃세와 비정상적인 텃세는 인류의 미래까지 좌지우지할 만큼 그 위력이 대단하다. 그렇다면 발명자들의 지식재산권도 텃세의 일종일진대, 이것은 지극히 정상적이고 위대한 텃세가 아닌가?

이 이야기는 한국의 자동차 부품업체들이 세계 자동차 산업의 본거지인 미국시장에 진출하면서 겪은 일화이다. 우리 업체들이 우수한 품질의 제품으로 GM, 포드 등 세계 굴지의 자동차 회사에 부품을 공급하자 미국내 부품회사들이 텃세를 부리기 시작한 것이다.

자동차부품 생산업체인 D사는 2년 가까이 준비작업과 테스트를 거친 후에 까다롭기로 유명한 미국시장에 진출했다. 그런데 1년 반 정도 테스트 납품이 끝나고 본격적인 대형 오더가 나올 시점에 기존 공급선인 자동차 부품회사 V사에서 D사의 제품이 자사의 특허를 침해했다고 고소를 한 것이다.

미국의 특허침해의 소송비용은 상상을 초월하는 금액이었다. 그러니 D사 입장에서는 피소되었다는 자체만으로도 큰 위협이었다.



**바지형 침낭**

침낭에 몸이 들어간 상태로도 이동이 가능한 바지형 침낭이 발명됐다. 침낭에 팔과 다리 부분을 붙여 자유롭게 움직일 수 있다. 가령 자다가 급한 용무가 있을 때 침낭에 몸이 들어간 상태로 이동이 가능해서 겨울에 추위를 막고 편리하다.

# 1센트라도 깎으면 소송하겠소!

필자는 경험상 우리가 미국측의 작전에 말려들어서는 안 된다고 생각했다. 그래서 의뢰인인 D사에 의연하게 대처할 것과 현지 특허소송 전문변리사에게 사건을 맡기라고 말했다. D사는 필자에게 전권을 일임했고 협조에도 무척 적극적이었다.

필자는 자동차산업에 정통한 변리사(Patent Attorney)들이 많이 있는 H로펌을 미국내 소송대리인으로 선정하고, 이사 1명, 과장 1명을 비롯하여 연구원들을 중심으로 한 대책본부를 만들었다. 그리고 선행기술을 조사해 침해 주장의 타당성과 방어 가능성을 검토하고, 상대방 회사와 담당 변리사에 대한 정보를 수집했다. 승소를 장담할 정도는 아니었지만 충분히 싸워볼 만했다.

그런데 때마침 V사는 안일한 경영으로 상당한 경영압박을 받고 있었다. 더구나 상대방 로펌은 유명한 만큼 비싼 로펌이라서 V사에게 비용적인 면에서 부담이 될 것 같았다. 우리는 겉으로는 소송에 적극적이었지만, 내부적으로는 가능한 빠른 시일 내에 합의를 도모하는 전략을 세웠다.

소장 접수 2개월 만에 드디어 첫 미팅 날짜가 잡혔다. 필자는 D사의 양 사장에게 첫 미팅은 탐색전이 될 것이니 기싸움에서 밀리면 안 된다고 말했고, 함께 디트로이트로 날아갔다. V사에서는 의외로 사장이 변리사를 직접 대동하고 참석했다. 서로 인사가 끝나자마자 V 사 사장은 거침없이 D사의 특허침해를 비난하면서 마구 몰아붙이기 시작했다. 미팅의 초점은 협상타결을 위한 카드, 즉 합의금을 누가 먼저 보이느냐에 모아졌고, 꽤 오랜 시간 줄다리기 끝에 결국 V사의 사장 입에서 '3,000만 달러'란 말이 나왔다.

"단 1센트라도 깎으려 들면 소송으로 갑니다."

상상외로 큰 금액에 우리측 대표인 김 이사가 흔들렸다. 그러나 필자는 상대방이 합의할 의사가 있고, 사장이 직접 나설 정도로 서두르는 기색을 보니 우리 편에 유리할 수도 있다고 생각했다. 그래서 H로펌을 밀착 모니터하면서 불필요한 소송비용이 발생하지 않도록 통제하기 위해 일주일에 한 번 꼴로 미국의 H로펌과 화상회의를 했다.

그렇게 소송이 계속되면 V사가 1년 동안 내야 할 소송비용은 총 500만 달러가 넘을 것이고, 그 정도라면 경영부실에 빠져 있는 V사에게 상당히 큰 골칫거리가 될 것이 분명했다. 이제는 모든 수단을 동원해서 소송절차를 늦추는 것이 관건이었다. 그러면서 상대방에게 통상적인 로열티를 기준으로 80만 달러를 합의금으로 제시했다.

D사는 소송 때문에 회사경영에 무리가 갈까 싶었는지 양보를 하자고 했지만, 필자는 이런 협상에서 상대방이 금액을 올릴 때 동요하면 상대에게 말려드는 것이기 때문에 좀 더 버티자고 말했다. 생각대로 우리가 버티자 과연 상대방은 1,500만 달러로 합의금을 조

정했다.

그러나 D사의 사장은 미국시장을 놓치게 될까 두려웠는지 급기야 디트로이트로 직접 가서 담판을 짓겠다고 나섰다. 만약 최고 결정권자들끼리 만나서도 합의가 성사되지 않으면 더 이상 다른 출구가 없는 상황임에도 불구하고 양 사장의 결심은 확고했다. 결국 디트로이트 V사에서 두 최고책임자가 마주 앉게 되었다.

V사 사장은 자사의 고문 변호사를 대동했다. 그는 여전히 고압적인 자세를 보이다가 막판에 선심을 쓴다는 말투로 500만 달러를 요구했다. 물론 최후통첩이라는 협박도 잊지 않았다. 3천만 달러에서 500만 달러로 합의금이 인하되기는 했지만, D사로서는 여전히 받아들일 수 없는 어마어마한 금액이었다. 결국 협상은 결렬되었다.

## 합의금 110만 달러의 사연

몇 번의 협상 결렬을 겪는 동안 느리게나마 진행된 소송절차는 증거조사절차를 목전에 두고 있었다. 즉, 본격적으로 소송비용이 발생하는 단계에 돌입한 것이다. 일단 증거조사절차에 들어간다면 협상 타결의 가능성을 기대하기는 어려웠다.

막대한 소송비용의 압박은 양쪽 모두에게 타격이 있었지만, 우리는 상대가 더 힘들 거라고 생각하고 우리의 입장을 더 강력하게 밀

어붙였다. 서로 밀고 당기기를 한 지 한 달여가 지난 어느 날 V사측 변리사로부터 전화가 왔다.

"김 변리사님, 100만 달러 이하로는 도저히 안 되겠으니, 상징적으로라도 100만 달러가 넘는 금액을 제시해주면 좋겠습니다."

브라보! 1년 반 가까이 끌어오던 피 말리는 분쟁이 드디어 막을 내리는 순간이었다. 결국 합의금은 최초 3,000만 달러에서 110만 달러로 기막힌 미끄럼틀을 탔다. 한국의 뚝심이 미국의 텃세를 밟고 당당히 일어섰던 것이다.

더욱 통쾌한 것은 V사는 법률비용으로 230만 달러를 넘게 썼지만, D사는 거기에 3분의1에도 못 미치는 소용비용을 냈다는 점이었다. 이 사건으로 D사의 위치는 미국시장에서 급부상했고, 유럽까지 진출하는 발판이 되었다.

그때는 매일매일이 긴장의 연속이었지만, 이 사건은 마치 나에게 한 편의 영화처럼 기억에 남아 있다.

| | |
|---|---|
| 앤목특허법인 파트너 변리사 (부소장)<br>특허사업화, 특허컨설팅, 라이센싱, 분쟁 담당 | **경 력**<br>제27회 변리사 시험 합격<br>라이센싱, 특허사업화, 지재권 컨설팅<br>미국 Morgan & Finnegan 법률사무소 변리사<br>대한변리사회 국제이사, APAA, INTA, LES, AIPPI |
| **학 력**<br>한국외국어대학교 졸업<br>미국 Franklin Pierce Law Center 지재권법 석사 | 회원 |

**김용식** 변리사

# 기회의 시간을 움켜쥐다

## 아이들 등굣길 안전하게

밝게 뛰어놀아야 할 아이들이 자기 집 앞마당에서조차 자유롭지 못하다. 누군가 과자를 주며 따라오라고 할지도 모르고, 엘리베이터에서 낯선 사람이 잡아끌지도 모르고, 자동차가 다가와 그들을 태우고 갈지도 모르기 때문이다. 유괴의 희생양이 된 아이들은 아무 잘못도 없이 끌려다니고 아무 이유도 없이 세상과 작별을 하기도 한다. 정말 무서운 세상이다.

이에 정부는 초등학생 유괴체험을 비롯하여 IT기술을 활용해 아이들의 유괴와 실종을 예방하는 'u-서울 어린이 안전 시스템'을 구축하는 등 어린이 안전에 만전을 기하고 있지만, 그들의 안전과 부

188

모들의 걱정을 완벽하게 해결해주는 제도적 장치는 아직 부족하다.

이 아이디어의 핵심은 자녀의 안전에 대한 부모들의 근심을 덜어주자는 것이었다. 또한 발명의 목적은 등하교시에 무사히 학교나 집에 도착했는지 시간과 영상을 통해 확인하고, 혹시 '왕따'를 당하는 등 학교생활에 어려움은 없는지 확인시키는 데 있다.

1996년 이후, 은행 등 금융권을 비롯해서 관공서와 빌딩, 아파트, 대형 슈퍼마켓 등에 설치되었던 아날로그 장비인 CCTV가 디지털영상저장장치인 DVR로 빠르게 대체되었다. 그러나 어느새 이 분야는 포화상태에 이르러 레드오션(Red Ocean)시장이 되었다. 위기를 맞이한 국내 DVR 전문업체들은 보안장치로 간주되는 DVR 기능을 보안과 무관한 일반인을 대상으로 판로를 확대하기 위해 여러 가지 아이디어를 내놓으며 새로운 블루오션(Blue Ocean)시장을 확대하고자 부단한 노력을 기울이고 있다.

DVR 전문업체인 훠엔시스에서 영업을 담당하던 발명자도 DVR의 수요를 일반 대중으로 확장하기 위한 사업모델로 아이들의 안전을 확인할 수 있는 출입관리시스템을 구상했다.

## 억만장자 TIP

### 비접촉식 체온계

신생아를 인큐베이터에서 꺼내지 않고도 정확하고 빠르게 체온을 측정할 수 있는 체온계가 발명됐다. 신생아 인체의 특정 지점에서 나오는 자외선을 측정하는 방식으로, 신생아의 체온이 떨어지기 시작하자마자 그 사실을 바로 알 수 있다.

발명자는 이러한 시스템을 구현할 때 DVR의 복수 카메라 관리기
능 및 영상 저장기능을 활용하면 충분히 사업성이 있을 거라고 판단
했다. 그리고 각 학교를 대상으로 이 시스템을 홍보한 후, 서비스에
가입한 부모에게 이용료를 받으면 훌륭한 수익모델이 될 수 있다고
확신했다. 그는 즉시 해당 시스템을 구축하고 학생과 교사 및 관련
자에 대한 출입관리도 함께 수행하도록 하여, 출·결석과 같은 학사
관리와 출·결근과 같은 교원관리를 제공하도록 하는 비즈니스 모
델을 만들었다.

또 학교나 학원 등에 무상으로 설치해도 학부모들에게 서비스
이용료를 정기적으로 받으면 이윤창출도 충분히 가능했다. 특히
특허권리 획득을 통해 시장 선점의 기회를 얻을 수 있어서, 지속적
으로 수입원을 마련할 수 있기 때문에 안정적인 수입을 기대할 수
있었다.

## 아이디어 하나로만 승부할 수 없는 세계

출입관리시스템으로 도움을 받고 있는 중학교 2학년 이나영 양의
하루를 따라가보자.

나영이의 부모님은 맞벌이를 해서 나영이보다 집에서 일찍 나간
다. 나영이는 어머니가 차려놓은 아침을 먹고 학교에 갈 준비를 한

다. 그런데 등
굣길에 앞 차
가 사고가 나
서 15분 정도
지각을 했다.
그러자 출입관

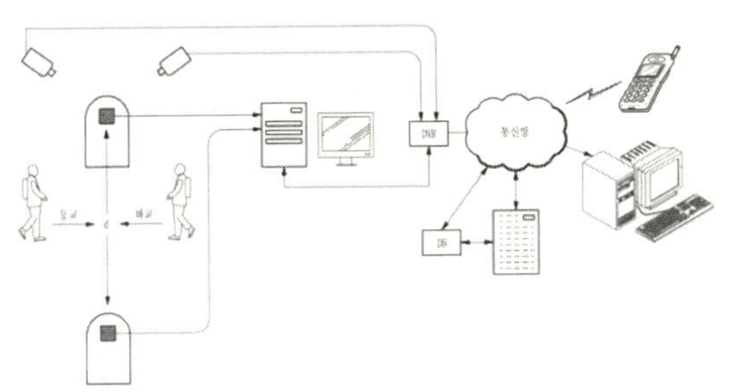

[출입관리시스템]

리시스템에서 나영이 엄마에게 메시지를 보낸다. 엄마는 연락을 받
고 나영이가 걱정이 되어 곧장 메시지를 보낸다.

'나영아, 무슨 일 있어? 지각 안 하는 우리 딸이 무슨 일일까? 궁
금하니까 문자 보내.'

나영이는 엄마가 걱정할까봐 교실에 들어가자마자 메시지를 보낸다.

'엄마, 아침에 앞 차가 사고가 나서 차가 밀렸어. ㅠㅠ'

나영이는 엄마가 옆에 있는 것처럼 든든하다고 한다.


이 발명품은 발명자가 엔지니어가 아니라 영업직원 출신이어서
아이디어의 논리성이나 사업성 측면의 구상은 훌륭했지만, 사업을
구현하기 위한 구체적인 시스템 구성이나 기기의 상호동작에 대한
기술성은 전혀 없었다. 그래서 이 발명품을 그대로 제출할 경우, 기
존의 RFID 출입관리시스템과 영상을 통한 출입관리시스템에 단순
히 영상을 전송하는 기능만 추가된 것으로 판단될 가능성이 많아 특

허등록 가능성이 매우 낮았다.

또 다수의 학생들이 출입하는 곳에서 특정 학생을 선별하여 영상을 전송하는 것은 기술적으로도 실현 가능성이 매우 희박했다. 말하자면 아이디어는 뛰어났지만 그 아이디어를 구체적인 특허로 연결하는 부분이 미비하여 권리획득이 어려웠다.

필자는 우선 세부적인 시스템 구성과 시스템이 원활하게 작동할 수 있는 구성요소를 갖추라고 조언했다. 또 실현 가능성이 희박한 부분에 대해서는 현존하는 유사 시스템의 핵심 기술을 변형해서 접목하라고 말했다. 발명자는 필자의 제안에 따라 발명을 구체화시키면서 발명자 스스로 아이디어의 방향을 수정했고, 사업성과 수익성 부분에도 더욱 박차를 가했다.

## 기회의 신 카이로스

본 비즈니스 모델은 이렇게 구체화된 내용을 토대로 DVR의 다양한 동작방식과 시스템의 변경 예들을 포함하는 특허명세서를 작성하여 출원했고, 마침내 특허를 받는 데 성공했다. 또한 보안시스템이라는 장치의 특성에 따라 제한된 DVR시장을 대중화시키는 데 필요한 시스템 확장에 성공함으로써 경쟁자가 없는 신규 시장을 개척한 사례이다. 이는 위기 상황에서도 기회를 발견하고 그것을 잡기 위해 노력한 발명자에게 주어진 선물이었다.

그리스의 조각가 리시포스의 〈카이로스〉 조각상을 보면 앞머리는 머리카락이 무성한 반면 뒷머리는 대머리이다. 기회의 신 카이로스의 앞머리가 무성한 이유는 누구나 그를 쉽게 붙잡을 수 있도록 하기 위해서라고 한다. 앞에서는 누구나 쉽게 머리카락을 움켜질 수 있지만, 한번 지나가면 뒤에서는 잡아챌 머리카락이 없으니까……. 이렇게 지나간 기회는 다시 붙잡을 수 없다.

당신에게 획기적인 아이디어가 있다면 주저하지 말고 변리사를 찾아가서 특허 여부를 물어라! 그렇지 않고 우물쭈물하다보면 기회의 신은 당신에게 왔다가 당신도 모르는 사이에 멀리 떠나고 말 것이다.

경은국제특허법률사무소 대표 변리사

학 력
고려대학교 공과대학 전자공학과 졸업
고려대학교 공학대학원 IT최고위과정 수료

경 력
제37회 변리사 시험 합격
고려대학교 겸임교수
서울서부지방법원 민사 조정위원
지식경제부 무역위원회 자문위원(지식재산권)
지식경제부 기술표준원 전문위원
지식경제부 장관상 수상

전종학 변리사

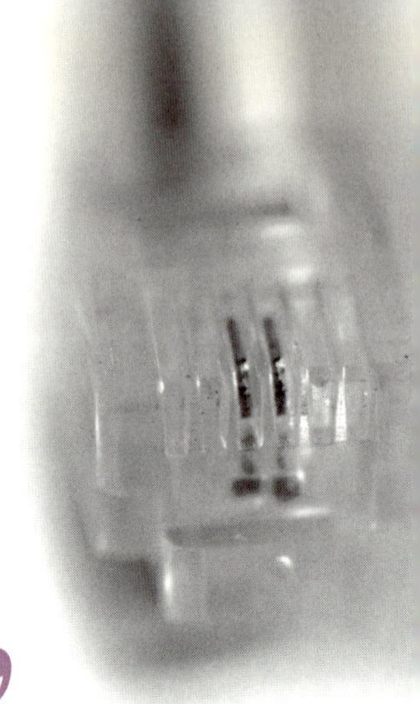

# 결정적인 순간에 에이스를 꺼내라



에센바하(Eschenbach)

## 첫눈에 반한 두 남자

필자는 경기도 지역의 모 센터에서 지식재산권과 관련해 강의를 한 적이 있다. 강의를 하다보면 열심히 메모를 하는 사람, 귀를 쫑긋 세우고 강사의 입만 쳐다보는 사람, 눈을 감았는지 떴는지 모르게 무반응인 사람, 심지어는 고개를 좌우로 끄덕이며 조는 사람 등 다양한 사람들을 만난다. 필자는 강의란 강사의 일방적인 외침이 아니라, 서로 소통하는 4차선 도로가 되어야 한다는 평소 지론대로 청중들에게 질문도 던지고 우스갯소리를 하기도 한다.

그런데 그중에서 유난히 필자의 강의에 열심히 참여하는 사람들이 있다. 팔은 안으로 굽는다고 그 사람들에게 시선이 가는 것은 당

194

연한 일이었다. 눈빛을 반짝이며 한 마디도 놓치지 않으려고 귀를 쫑긋거리고, 손으로는 열심히 메모를 하고 있으니 어찌 예쁘게(?) 보이지 않겠는가?

그런데 뜻밖에 한 사람이 쉬는 시간에 커피를 뽑아들고 필자에게 다가왔다. 반가운 마음에 이런저런 담화를 즐기다가 자연스럽게 이야기를 계속했다. 알고 보니 그는 와이맥스와 와이파이 전송기술을 이용하여 다양한 제품을 연구개발하는 회사의 기획실장이었다.

와이맥스 및 와이파이 전송기술이란 휴대 인터넷과 같은 통신 기술로, 무선 랜처럼 인터넷을 연결하여 데이터 통신이 가능하고, 휴대전화처럼 단거리 통신이나 장거리 통신이 가능한 기술 또는 서비스를 말한다.

최근 몇 년간 국내 기업들은 이동중에도 끊김 없이 고속 데이터를 주고받을 수 있는 모바일 와이맥스(와이브로)를 순수 우리 기술로 개발했다. 이것은 서비스나 콘텐츠를 수동석으로 받아보기만 하는 것이 아니라, 사용자가 보유중이거나 제작한 콘텐츠를 언제 어디서든지 타인에게 자유롭게 제공할 수 있는 기술이었다.

그는 얘기 끝에 자신의 고민을 토로했다. 자기 회사의 주력 분야는 와이맥스 및 와이파이 기술인데 그 기술은 국제 표준이 정해져 있고, 국내외에 널리 알려진 공지 기술이어서 특허로 보호받을 만한 기술이 별로 없는 것 같다고 말했다.

필자는 그의 이야기를 듣고 강의를 하면서도 그를 도와줄 방법이 없을까 고민하다가 강의가 끝난 후에 그를 불렀다.

그는 특허출원을 할 기술이 별로 마땅치 않다고 이야기했지만, 그의 말 속에서 어떤 가능성이 분명히 있었다. 그래서 차후 지식재산권과 관련해 IP미팅을 해보자고 제안했고, 곧 해당 회사의 경영정보와 연구개발정보를 파악하는 데 주력했다.

그 회사는 와이맥스 및 와이파이 전송기술에 대한 원천기술보다는 응용기술 쪽으로 특허출원을 해서 기술을 보호하는 것이 바람직했다. 그는 필자가 내린 진단에 수긍했고 회사 사장과 의논을 거쳐서 와이맥스 및 와이파이 전송기술을 이용한 다양한 응용 기술에 대한 특허 아이디어를 고안하기 시작했다.

## 기대하지 않은 뜻밖의 특허

그후 다양한 협의를 통해서 다음과 같은 많은 아이디어가 나왔다.

'경찰청이나 소방방재청에서 사용할 수 있는 새로운 공공안전 재난구조 통신망 시스템'

'기상청에서 사용할 수 있는 새로운 기상통보타워'

'빌딩의 기존 환풍구로 사용되는 덕트를 이용한 새로운 무선통신 방법'

'소형 비행체를 이용한 도로 교통감시 시스템'

'소방방재청과 기상청에서 사용할 수 있는 기상통보타워를 이용한 방재 네트워크'

그런데 이 기술들은 이미 특허출원 및 특허청의 심사를 통해 대부분 특허등록이 된 상태였다. 그러나 그 틈새로 어떤 가능성이 보였고 그 일에 빠져들수록 승부사의 기질이 발동되었다.

그리고 기나긴 기다림 끝에 특허출원이 가능한 자료를 고안하게 되었고, 결과는 예상외로 빨리 드러났다. 필자는 변리사 일을 시작한 이래 가장 빠른 특허출원에 성공했고, 그들은 기대도 하지 않았던 특허를 따냈다.

하지만 그들은 거기에서 그치지 않고 '와이맥스 및 와이파이 전송 기술을 이용한 공공안전 재난구조 통신망 시스템 및 그 방법'을 이용한 소방방재청과 관련된 과제와 '와이맥스 통신 방식을 사용하는 기상통보타워'를 이용한 기상청과 관련된 정부연구과제를 신청하기 위해 노력했다.

그들은 현재 3년 연속 30억 원에 가까운 다양한 정부연구과제를 획득했

**엄마장자** TIP

글러브 손전등

글러브처럼 손에 낄 수 있는 손전등이 발명됐다. 손전등 장갑을 착용하면 엄지손가락으로 손전등의 스포트라이트를 만들 수 있다. 어두운 공간에서 근무할 때 작업환경을 밝게 할 수 있으며 손전등을 따로 들고 다니지 않아서 편리하다.

고, 자신들의 기술력을 좀 더 향상시킬 수 있는 연구개발 환경을 구축하고 있다. 또한 연구개발의 성과물과 해외영업에 주력하여 세네갈 등 개발도상국으로 제품을 수출하는 소기의 성과를 거두고 있다.

## 독자에게 부치는 발명 이야기

사실 필자는 몇 년 간의 경험을 통해서 얻은 교훈을 독자들에게 전하고 싶어 펜을 들었다.

먼저 우리 중소기업들은 다양하고 참신한 아이디어들을 많이 가지고 있다. 하지만 아이디어가 제도적인 차원에서 제대로 보호를 받을 수 있느냐에 대해서 문외한인 경우가 많아 참신한 아이디어가 빛을 보지 못하고 사장되는 일이 빈번하게 일어난다.

위 업체의 사례처럼, 그 아이디어가 원천기술이든 응용기술이든 상관없이 해당 기술은 특허로써 보호를 받을 수 있으니 무엇보다 그 길을 찾으려는 마음가짐이 가장 중요하다.

두 번째, 우리 주위에 지식재산권과 관련해 전문가들이 많이 활동하고 있지만, 실제로 중소기업의 연구개발 담당자나 CEO들은 이들 전문가 집단을 제대로 활용하는 방법을 잘 모른다. 단순히 경제, 경영적인 이유로 또는 해당 담당자가 단순히 귀찮아 한다는 이유만으로 절호의 기회를 놓치고 있다.

지식재산권과 관련된 고민이 생겼을 때 전문가에게 찾아가면 해결방법을 찾을 수 있다는 점을 되새겨보아야 한다.

세 번째, 전문가 집단과 해당 업체의 신뢰관계가 무척 중요하다. 해당 업체의 기술력을 보호할 수 있는 다양한 방법을 찾았다고 해도 그것은 통상적으로 투자를 필요로 하는 경우가 많다. 이 경우 중요한 것이 서로간의 신뢰이다. 전문가 집단과 해당 업체의 윈-윈(win-win)의 필요충분조건은 전문가 집단의 경우 자신의 고객을 위해서 최선의 방안을 찾으려고 노력하는 자세를 갖는 것이다. 그리고 해당 업체 입장에서는 자신과 함께 활동하는 전문가의 의견을 최대한 신뢰해야 한다.

필자는 위 사례에서 해당 업체가 필자를 신뢰하고 있다는 것을 마음으로 느꼈기 때문에 더 좋은 방안을 찾으려고 열심히 노력했고, 그 결과 바람직한 결과를 얻을 수 있었다.

특허법인 파트너 변리사

력

울대학교 전기공학부 졸업

경 력
제38회 변리사 시험 합격
대한변리사회(KPAA) 이사
지식재산전략연구회 라이센싱전략분과, 가치평가분과 활동
라이센싱, 특허사업화, 지재권 컨설팅
역서 《지식재산전략교본 I, II》

**김영대** 변리사